NOÇÕES DE SUSTENTABILIDADE
PARA CONCURSOS

Respeite o direito autoral

Frederico Amado

NOÇÕES DE
SUSTENTABILIDADE
PARA CONCURSOS

CONTÉM QUESTÕES DE CONCURSOS AO LONGO DO TEXTO

2ª edição | revista
ampliada
atualizada

2017

www.editorajuspodivm.com.br

EDITORA JusPODIVM
www.editorajuspodivm.com.br

Rua Mato Grosso, 164, Ed. Marfina, 1º Andar – Pituba, CEP: 41830-151 – Salvador – Bahia
Tel: (71) 3045.9051
• Contato: https://www.editorajuspodivm.com.br/sac

Copyright: Edições JusPODIVM

Conselho Editorial: Eduardo Viana Portela Neves, Dirley da Cunha Jr., Leonardo de Medeiros Garcia, Fredie Didier Jr., José Henrique Mouta, José Marcelo Vigliar, Marcos Ehrhardt Júnior, Nestor Távora, Robério Nunes Filho, Roberval Rocha Ferreira Filho, Rodolfo Pamplona Filho, Rodrigo Reis Mazzei e Rogério Sanches Cunha.

Capa: Ana Caquetti

A481n   Amado, Frederico.
           Noções de sustentabilidade para concursos / Frederico Amado. 2. ed. – Salvador: JusPODIVM, 2017.
           192 p.

           ISBN 978-85-442-1640-8.

           1. Direito ambiental. 2. Sustentabilidade. 3. Concursos. Provas de seleção. I. Amado, Frederico. II. Título.

                                                                      CDD 341.347

Todos os direitos desta edição reservados à Edições JusPODIVM.

É terminantemente proibida a reprodução total ou parcial desta obra, por qualquer meio ou processo, sem a expressa autorização do autor e da Edições JusPODIVM. A violação dos direitos autorais caracteriza crime descrito na legislação em vigor, sem prejuízo das sanções civis cabíveis.

APRESENTAÇÃO

A modificação do modelo de desenvolvimento das nações para um regime de sustentabilidade socioambiental foi uma semente plantada na Conferência de Estocolmo em 1972 que ainda está longe de gerar árvores fortes e frutíferas. Mas, mesmo lentamente, estamos caminhando.

É necessário que tanto o setor público quanto o privado adotem práticas que protejam o meio ambiente, além de buscarem parceiros que possuam a mesma conduta verde. A tendência é que, em um futuro não muito distante, os agentes econômicos que atuem sem a adoção de práticas de sustentabilidade sejam banidos da economia lícita.

Nesse sentido, a Administração Pública precisa dar o exemplo, pois as suas boas práticas socioambientais irão repercutir e modificar para melhor o setor privado. As licitações sustentáveis e a adoção interna de planos de logística sustentável são bons exemplos desta nova ação administrativa pública ecologicamente correta.

A redução, reutilização e reciclagem dos resíduos sólidos, a redução no consumo de água e de energia, a aquisição de produtos e contratação de serviços com menor impacto ambiental são outras boas práticas ecológicas adotadas pelo Poder Público e que refletem positivamente no setor privado.

Assim, a partir do momento em que a Administração Pública, quer em suas relações internas, quer nas externas, adota e exige a adoção de práticas sustentáveis dos particulares, essa postura acaba refletindo positivamente em toda a sociedade objetivando fomentar um desenvolvimento econômico sustentável.

Outrossim, a exigência da disciplina NOÇÕES DE SUSTENTA-BILIDADE em concursos públicos também é uma ação administrativa que busca novos servidores públicos que conheçam as melhores práticas gerenciais ecológicas. É nesse ínterim que se apresenta esta obra inovadora, de perfil peculiar.

Anteriormente, esse tema somente era visto nos concursos públicos para órgãos ambientais ou inserto na disciplina Direito Ambiental. No entanto, isso mudou, vislumbrando-se a expansão de sua aplicação notadamente a partir do ano de 2015, quando foi cobrada nos concursos para Analista do STJ e Analista do TRT da 23ª Região.

Em 2016 consta do edital para todos os cargos de técnicos e analistas do TRF da 2ª Região e do TRE de Pernambuco, consolidando-se como uma disciplina básica para os concursos dos Tribunais Federais e com tendência de expansão para os estados federados e outros poderes da União.

Na primeira parte da obra, o objetivo é tratar dos temas gerais sobre o Direito e Gestão Ambiental , quer no setor público, quer no privado, que se enquadram no tema sustentabilidade. Serão abordados a definição e as espécies de meio ambiente, o basilar regramento constitucional ambiental, a doutrina do desenvolvimento sustentável e princípios correlatos.

Ademais, também serão tratadas a Ordem Econômica Ambiental e a nova economia verde lastreada no pagamento por serviços ambientais à luz do Princípio do Protetor-recebedor.

Da mesma forma, será feito um estudo especial sobre as licitações sustentáveis, prática vinculante que vem se generalizando na Administração Pública com o advento da Lei 12.349/2010 e a sua regulamentação, tratando, ainda, a respeito da tributação ambiental e da certificação ecológica.

Além disso, serão abordadas as regras sobre a Política Nacional de Resíduos Sólidos (Lei 12.305/2010) e a Política Nacional de Mudança do Clima (Lei 12.187/2009), que vêm fazendo parte do edital da disciplina nos Tribunais Federais.

Na segunda parte, o objetivo é abordar regras vinculantes ou não obrigatórias constituídas pela Administração Pública para a adoção de práticas sustentáveis na gestão da coisa pública, considerando que o Poder Público como um todo é o maior consumidor de bens e serviços no Brasil:

- AGENDA AMBIENTAL DA ADMINISTRAÇÃO PÚBLICA (A3P);
- INSTRUÇÃO NORMATIVA MPOG 10, DE 12/11/2012 (PLANO DE GESTÃO DE LOGÍSTICA SUSTENTÁVEL NA ADMINISTRAÇÃO PÚBLICA FEDERAL);
- RESOLUÇÃO CNJ 201 DE 3 DE MARÇO DE 2015 (DISPÕE SOBRE A CRIAÇÃO E COMPETÊNCIAS DAS UNIDADES OU NÚCLEOS SOCIOAMBIENTAIS NOS ÓRGÃOS E CONSELHOS DO PODER JUDICIÁRIO E IMPLANTAÇÃO DO RESPECTIVO PLANO DE LOGÍSTICA SUSTENTÁVEL);
- RESOLUÇÃO STF 561, DE 24 DE SETEMBRO DE 2015 (DISPÕE SOBRE A ELABORAÇÃO E A IMPLANTAÇÃO DO PLANO DE LOGÍSTICA SUSTENTÁVEL DO STF);
- PORTARIA STJ 293 DE 31 DE MAIO DE 2012 (DISPÕE SOBRE A POLÍTICA DE SUSTENTABILIDADE NO SUPERIOR TRIBUNAL DE JUSTIÇA) E PLANO DE LOGÍSTICA SUSTENTÁVEL DO STJ;
- GUIA PRÁTICO DE LICITAÇÕES SUSTENTÁVEIS DO STJ;
- ATO CONJUNTO CSJT.TST.GP Nº 24/2014 (INSTITUI A POLÍTICA NACIONAL DE RESPONSABILIDADE SOCIOAMBIENTAL DA JUSTIÇA DO TRABALHO) E O PLANO DE LOGÍSTICA SUSTENTÁVEL DO TST;

- GUIA DE CONTRATAÇÕES SUSTENTÁVEIS DA JUSTIÇA DO TRABALHO (2ª EDIÇÃO - 2014);
- ATO DA COMISSÃO DIRETORA DO SENADO 4/2013 (INSTITUI A POLÍTICA DE RESPONSABILIDADE SOCIOAMBIENTAL DO SENADO FEDERAL) E O PLANO DE LOGÍSTICA SUSTENTÁVEL DO SENADO FEDERAL;
- RESOLUÇÃO TSE 23.474, DE 19 DE ABRIL DE 2016 (DISPÕE SOBRE A CRIAÇÃO E COMPETÊNCIAS DAS UNIDADES OU NÚCLEOS SOCIOAMBIENTAIS NOS TRIBUNAIS ELEITORAIS E IMPLANTAÇÃO DO RESPECTIVO PLANO DE LOGÍSTICA SUSTENTÁVEL DA JUSTIÇA ELEITORAL);
- RESOLUÇÃO TCU 268, DE 4 DE MARÇO DE 2015 (DISPÕE SOBRE A POLÍTICA INSTITUCIONAL DE SUSTENTABILIDADE DO TCU).

Desta forma, englobamos nesta obra temas introdutórios necessários à boa compreensão das Noções de Sustentabilidade, assim como todos os tópicos contidos nos editais acima referidos, inclusive os atos internos do Poder Judiciário Federal, especialmente a Resolução CNJ 201/2015, que fundamentou a inserção desta disciplina.

Demais disso, dezenas de questões cobradas em certames anteriores foram inseridas ao longo do texto, a fim de demonstrar ao leitor o modo de cobrança pelas bancas examinadoras, especialmente o CEBRASPE e a FCC.

Bons Estudos,

Frederico Amado

SUMÁRIO

PARTE 1
TEMAS GERAIS DE SUSTENTABILIDADE

1.1.	A questão ambiental	11
1.2.	Definição e espécies de meio ambiente	13
1.3.	A constitucionalização do direito ambiental no Brasil em 1988	14
	1.3.1. Competências constitucionais	15
	1.3.2. Meio ambiente artificial	19
	1.3.3. Meio ambiente cultural	20
	1.3.4. Meio ambiente natural	22
1.4.	O princípio do desenvolvimento econômico sustentável, a sustentabilidade e suas boas práticas	24
1.5.	Os princípios do poluidor-pagador e do protetor-recebedor	35
	1.5.1. Poluidor-pagador	35
	1.5.2. Protetor-recebedor	37
1.6.	Ordem econômica ambiental, a economia verde e o pagamento por serviços ambientais	40
1.7.	As licitações sustentáveis	44
1.8.	A tributação ambiental	59
1.9.	A rotulagem ambiental (Selo Verde)	65
1.10.	A política nacional de resíduos sólidos	66
1.11.	A política nacional de mudança do clima	83
1.12.	Regras de sustentabilidade no Estatuto das Empresas Estatais	99

PARTE 2
ATOS REGULAMENTARES ESPECÍFICOS DA ADMINISTRAÇÃO PÚBLICA SOBRE A SUSTENTABILIDADE

2.1. Agenda Ambiental da Administração Pública (A3P) 103

2.2. Instrução Normativa MPOG 10, de 12/11/2012 (Plano de Gestão de Logística Sustentável na Administração Pública Federal) 130

2.3. Resolução CNJ 201 de 3 de marco de 2015 (Dispõe sobre a criação e competências das unidades ou núcleos socioambientais nos órgãos e conselhos do Poder Judiciário e implantação do respectivo Plano de Logística Sustentável) 132

2.4. Resolução STF 561, de 24 de setembro de 2015 (Dispõe sobre a elaboração e a implantação do Plano de Logística Sustentável do STF) 151

2.5. Portaria STJ 293 de 31 de maio de 2012 (Dispõe sobre a política de sustentabilidade no Superior Tribunal de Justiça) e Plano de Logística Sustentável do STJ 153

2.6. Guia Prático de Licitações Sustentáveis do STJ 159

2.7. Ato Conjunto CSJT.TST.GP nº 24/2014 (Institui a Política Nacional de Responsabilidade Socioambiental da Justiça do Trabalho) e o Plano de Logística Sustentável do TST 163

2.8. Guia de Contratações Sustentáveis da Justiça do Trabalho (2ª edição – 2014) 175

2.9. Ato da Comissão Diretora do Senado 4/2013 (Institui a Política de Responsabilidade Socioambiental do Senado Federal) e o Plano de Logística Sustentável do Senado Federal 177

2.10. Resolução TSE 23.474, de 19 de abril de 2016 (Dispõe sobre a criação e competências das unidades ou núcleos socioambientais nos Tribunais Eleitorais e implantação do respectivo Plano de Logística Sustentável da Justiça Eleitoral) 185

2.11. Resolução TCU 268, de 4 de Março de 2015 (Dispõe sobre a Política Institucional de Sustentabilidade do TCU) 189

PARTE 1

TEMAS GERAIS DE SUSTENTABILIDADE

Nesta primeira parte da obra o objetivo é tratar dos temas gerais sobre o Direito e Gestão Ambiental, quer no setor público, quer no privado, que se enquadram no tema sustentabilidade. Será abordada a definição e as espécies de meio ambiente, o basilar regramento constitucional ambiental, a doutrina do desenvolvimento sustentável e princípios correlatos.

Ademais, abordaremos a Ordem Econômica Ambiental e a nova economia verde lastreada no pagamento por serviços ambientais à luz do Princípio do Protetor-recebedor.

Outrossim, será feito um estudo especial sobre as licitações sustentáveis, prática vinculante generalidade na Administração Pública com o advento da Lei 12.349/2010 e a sua regulamentação, tratando, ainda, a respeito da tributação ambiental e da certificação ecológica.

Por fim, serão abordadas as regras sobre a Política Nacional de Resíduos Sólidos (Lei 12.305/2010), a Política Nacional de Mudança do Clima (Lei 12.187/2009) e as regras de sustentabilidade inseridas no Estatuto das Empresas Estatais.

1.1. A QUESTÃO AMBIENTAL

Não é possível mais esconder. Não dá mais para protelar um equacionamento do grave problema. O Planeta Terra é uma verdadeira "bomba-relógio", pois a extração de recursos naturais pelo homem em muito supera a capacidade natural de recomposição.

A poluição das águas, do solo e do ar. O desmatamento de grande parte das florestas nativas. A extinção de milhares de espécies de animais. A emissão cada vez maior de gases de carbono que estão elevando de modo significativo a temperatura no Planeta. O número cada vez crescente de habitantes na Terra consumindo os recursos naturais (cerca de 6 bilhões), com crescimento médio de 100 milhões por ano.

Na medida em que cresce a degradação irracional ao meio ambiente, em especial o natural, afetando negativamente a qualidade de vida das pessoas e colocando em risco as futuras gerações, torna-se curial a maior e eficaz tutela dos recursos ambientais pelo Poder Público e por toda a coletividade.

Mundialmente, o marco foi a **Conferência de Estocolmo** (Suécia), ocorrida em 1972, promovida pela ONU, com a participação de 113 países, onde se deu um alerta mundial sobre os riscos à existência humana trazidos pela degradação excessiva, em que pese à postura retrógrada do Brasil à época, que buscava o desenvolvimento econômico de todo modo, pois de maneira irresponsável se pregava a preferência por um desenvolvimento econômico a qualquer custo ambiental ("riqueza suja") do que uma "pobreza limpa".

Em 1992, realizou-se no **Rio de Janeiro a Conferência das Nações Unidas sobre Meio Ambiente e Desenvolvimento – CNUMAD**, conhecida como **ECO-92** ou **RIO-92**, oportunidade em que se aprovou a Declaração do Rio, documento contendo 27 princípios ambientais, bem como a Agenda 21, instrumento não vinculante com metas mundiais para a redução da poluição e alcance de um desenvolvimento sustentável. Note-se que tais documentos não têm a natureza jurídica de tratados internacionais, pois não integram formalmente o ordenamento jurídico brasileiro, mas gozam de forte autoridade ética local e mundial.

Entrementes, apesar do crescente esforço de alguns visionários, apenas existem vestígios de uma nova visão ético-ambiental, que precisa ser implantada progressivamente.

Com efeito, embora queira, felizmente, o homem não tem o poder de ditar as regras da natureza, contudo tem o dever de respeitá-las, sob pena de o meio ambiente ser compelido a promover a extinção da raça humana como instrumento de legítima defesa natural, pois é inegável que o bicho-homem é parte do todo natural, mas o egoísmo humano (visão antropocêntrica pura) cria propositadamente uma miopia transindividual, em que poucos possuem lentes para superá-la.

É preciso compreender que o crescimento econômico não poderá ser ilimitado, pois depende diretamente da disponibilidade dos recursos ambientais naturais, que são limitados, já podendo, inclusive, ter ultrapassado os lindes da sustentabilidade.

Com efeito, o Fundo Mundial para a Natureza divulgou o *Relatório Planeta Vivo 2002,* no qual concluiu que o homem já está consumindo 20% além da capacidade de reposição e suporte do meio ambiente terrestre. Ou seja, nestes termos, a humanidade transformou o Planeta Terra em uma verdadeira bomba-relógio, estando as presentes gerações consumindo as reservas das futuras.

Decerto, o modo de produção capitalista e a implantação de uma sociedade de consumo de massa são fatores decisivos para a elevação da poluição neste planeta, em que muitos milhões de pessoas possuem bem mais do que necessitam para ter uma existência digna, enquanto outros tantos milhões continuam a passar as necessidades mais básicas.

Será preciso que o Poder Público intensifique as suas políticas públicas ambientais, que normalmente são de três naturezas: *as regulatórias*, consistentes na elaboração de normas jurídicas que regulam a utilização dos recursos naturais, bem como as instituições responsáveis pela fiel execução das leis ambientais; *as estruturadoras*, realizadas mediante a intervenção estatal direta na proteção ambiental, como a criação de espaços territoriais especialmente protegidos pelos entes políticos; *as indutoras*, em que o Poder Público adota medidas para fomentar condutas em prol do equilíbrio ambiental, com a utilização de instrumentos econômicos como a tributação ambiental, que visa estimular condutas com um tratamento privilegiado em favor daqueles que reduzem a sua poluição, por meio da extrafiscalidade.

É crescente em todo o Planeta Terra o número de pessoas que são forçadas a emigrar das zonas que habitam em razão de alterações do ambiente, dentro do seu país ou mesmo para outro, sendo chamados de refugiados ambientais ou climáticos.

As secas, a escassez de alimentos, a desertificação, a elevação do nível de mares e rios, a alteração de ventos climáticos e o desmatamento são apenas alguns fatores ambientais que vêm gerando a migração territorial de povos em todo o mundo em busca de melhores condições de vida ou mesmo para sobreviver.

Diante desse arriscado quadro mundial, é necessário que as nações e os seus povos se conscientizem em adotar um novo modelo econômico que prestigie a proteção ambiental, através de um **desenvolvimento econômico sustentável**, resguardando o Planeta para as futuras gerações, adotando cada vez mais práticas de sustentabilidade no seu dia a dia.

1.2. DEFINIÇÃO E ESPÉCIES DE MEIO AMBIENTE

Um meio ambiente ecologicamente equilibrado é condição inafastável para a realização da dignidade humana, pois inexiste vida sadia sem uma água limpa para beber, um ar puro para respirar e alimentos sem agrotóxicos para consumir.

O meio ambiente, ou simplesmente ambiente, é tudo que cerca ou envolve o homem por todos os lados, formado por elementos naturais com vida ou sem, por bens materiais ou mesmo imateriais fruto da intervenção humana sobre os elementos naturais.

No Brasil, coube à Lei 6.938/81, que aprovou a Política Nacional do Meio Ambiente, positivar o **conceito de meio ambiente**, assim considerado "**o conjunto de condições, leis, influências e interações de ordem física, química e biológica, que permite, abriga e rege a vida em todas as suas formas**" (artigo 3º, inciso I), sendo considerados recursos ambientais "a atmosfera, as águas interiores, superficiais e subterrâneas, os estuários, o mar territorial, o solo, o subsolo, os elementos da biosfera, a fauna e a flora" (artigo 3º, inciso V).

Conquanto não seja pacífica a classificação das espécies de meio ambiente, prevalece doutrinariamente a seguinte repartição:

a) NATURAL – Formado pelos elementos com vida (bióticos) ou sem vida (abióticos) da natureza, que existem independentemente da intervenção humana, a exemplo da fauna, da flora, das águas, do solo, do ar e dos recursos minerais;

b) CULTURAL – Composto por bens materiais ou imateriais criados pelo homem, desde que integrem o patrimônio cultural, por serem portadores de referência à identidade, à ação, à memória dos diferentes grupos formadores da sociedade brasileira (com valor histórico, paisagístico, artístico, arqueológico, paleontológico, ecológico ou científico), a exemplo de uma casa tombada, do acarajé e da capoeira;

c) ARTIFICIAL – Formado por bens tangíveis ou intangíveis de criação humana, mas que não compõem o patrimônio cultural, a exemplo de uma casa recém-construída ou de um novo automóvel;

d) LABORAL OU DO TRABALHO – Previsto no artigo 200, inciso VIII, da Constituição Federal, é composto por todos os bens que são utilizados para o exercício digno e seguro de atividade laboral remunerada pelo trabalhador, como os equipamentos de proteção individual e coletiva disponibilizados pela empresa, sendo respeitado quando são cumpridas as normas de segurança e medicina do trabalho.

Vale frisar que a classificação posta é meramente acadêmica, pois, a rigor, o meio ambiente é uno e indivisível, em razão da interação dos recursos ambientais. Tome-se como exemplo uma casa recém-construída. Conquanto se possa enquadrá-la no meio ambiente artificial, é certo que o cimento, os blocos e as portas são feitos com base em recursos naturais. Se essa casa for o local do labor remunerado de um empregado, do seu ponto de vista, fará parte do meio ambiente do trabalho. Ademais, é possível que um dia essa casa passe a integrar o patrimônio cultural, caso, por exemplo, se mantiver de pé durante décadas ou séculos.

1.3. A CONSTITUCIONALIZAÇÃO DO DIREITO AMBIENTAL NO BRASIL EM 1988

O objetivo deste tópico é analisar detidamente as normas constitucionais ambientais, que formam o **Direito Constitucional Ambiental**, tendo em vista a sua maior importância por estarem de ápice do ordenamento jurídico, sendo fundamento de validade e lastro de interpretação para toda a legislação ambiental infraconstitucional.

1.3.1. COMPETÊNCIAS CONSTITUCIONAIS

Competência é poder político. Na federação brasileira, a única tricotômica do mundo, pois os municípios são pessoas políticas e não meramente administrativas, é imprescindível analisar a repartição de competências ambientais entre a União, os estados, o Distrito Federal e os municípios.

Deveras, as competências são repartidas em materiais (ou administrativas) e legislativas (ou legiferantes). As primeiras concedem legitimidade para a prática de atos administrativos em determinada seara, ao passo que as segundas permitem que as pessoas políticas editem atos jurídicos primários (leis complementares, leis ordinárias, leis delegadas ou medidas provisórias) sobre determinadas matéria.

O principal fundamento utilizado pelo poder constituinte originário para repartir ou compartilhar competências é o Princípio da Preponderância do Interesse. O que é de interesse de todos, divide-se. O que é de interesse predominante de determinado ente político, reserva-se.

As competências materiais dividem-se em exclusivas e comuns. Já as competências legislativas em privativas e concorrentes. Como na esfera ambiental interessa igualmente a União, aos estados, ao Distrito Federal e aos municípios a proteção do meio ambiente, a regra será o compartilhamento de competências ambientais materiais e legiferantes, salvo nos casos expressamente reservados na Constituição Federal.

De acordo com o artigo 23, incisos III, IV, VI, VII e XI, da Constituição Federal, é **competência comum** da União, dos estados, do Distrito Federal e dos municípios:

- Proteger os documentos, as obras e outros bens de valor histórico, artístico e cultural, os monumentos, as paisagens naturais notáveis e os sítios arqueológicos;
- Impedir a evasão, a destruição e a descaracterização de obras de arte e de outros bens de valor histórico, artístico ou cultural;
- Proteger o meio ambiente e combater a poluição em qualquer de suas formas;
- Preservar as florestas, a fauna e a flora;
- Registrar, acompanhar e fiscalizar as concessões de direitos de pesquisa e exploração de recursos hídricos e minerais em seus territórios.

Logo, como regra geral, a proteção do ambiente é dever imposto pelo legislador constitucional a todos os entes políticos, em decorrência do interesse comum, figurando como o mais importante exemplo de federalismo de cooperação brasileiro, que pressupõe uma atuação harmônica ambiental nas três esferas de governo.

Entretanto, ainda não havia sido promulgada uma **lei complementar** para regular a atuação conjunta ambiental, conforme determina o parágrafo único, do artigo 23, da Constituição Federal, mora do Congresso Nacional que muito vinha prejudicando o exercício de atos materiais ambientais, pois não é claro o âmbito de atuação de cada ente da federação.

Todavia, foi finalmente promulgada a **Lei Complementar 140, de 08 de dezembro de 2011,** que fixa normas, nos termos dos incisos III, VI e VII do *caput* e do parágrafo único do artigo 23 da Constituição Federal, para a cooperação entre a União, os estados, o Distrito Federal e os municípios nas ações administrativas decorrentes do exercício da competência comum relativas à proteção das paisagens naturais notáveis, à proteção do meio ambiente, ao combate à poluição em qualquer de suas formas e à preservação das florestas, da fauna e da flora.

Deveras, no exercício das suas competências administrativas comuns na esfera ambiental, entidades políticas deverão observar os seguintes objetivos fundamentais:

I – proteger, defender e conservar o meio ambiente ecologicamente equilibrado, promovendo **gestão descentralizada, democrática e eficiente**;
II – **garantir o equilíbrio do desenvolvimento socioeconômico com a proteção do meio ambiente,** observando a dignidade da pessoa humana, a erradicação da pobreza e a redução das desigualdades sociais e regionais;
III – harmonizar as políticas e ações administrativas para evitar a sobreposição de atuação entre os entes federativos, de forma a **evitar conflitos de atribuições** e garantir uma atuação administrativa eficiente;
IV – garantir a **uniformidade da política ambiental para todo o País**, respeitadas as peculiaridades regionais e locais.

Vale frisar, por outro lado, que determinadas competências materiais foram declaradas exclusivas da União, no artigo 21, incisos IX, XVIII, XIX, XX e XXIII, da Constituição Federal, por estarem ligadas diretamente ao interesse nacional ou regional:

"IX – elaborar e executar planos nacionais e regionais de ordenação do território e de desenvolvimento econômico e social;
XVIII – planejar e promover a defesa permanente contra as calamidades públicas, especialmente as secas e as inundações;
XIX – instituir sistema nacional de gerenciamento de recursos hídricos e definir critérios de outorga de direitos de seu uso;
XX – instituir diretrizes para o desenvolvimento urbano, inclusive habitação, saneamento básico e transportes urbanos;
XXI – estabelecer princípios e diretrizes para o sistema nacional de viação;
[...]

XXIII – explorar os serviços e instalações nucleares de qualquer natureza e exercer monopólio estatal sobre a pesquisa, a lavra, o enriquecimento e reprocessamento, a industrialização e o comércio de minérios nucleares e seus derivados, atendidos os seguintes princípios e condições:

a) toda atividade nuclear em território nacional somente será admitida para fins pacíficos e mediante aprovação do Congresso Nacional;

b) sob regime de permissão, são autorizadas a comercialização e a utilização de radioisótopos para a pesquisa e usos médicos, agrícolas e industriais;

c) sob regime de permissão, são autorizadas a produção, comercialização e utilização de radioisótopos de meia-vida igual ou inferior a duas horas;

d) a responsabilidade civil por danos nucleares independe da existência de culpa".

Outrossim, de acordo com o artigo 30, incisos VIII e IX, da Constituição Federal, foram previstas competências ambientais específicas para os entes municipais, consistentes na promoção, no que couber, do adequado ordenamento territorial, mediante planejamento e controle do uso, do parcelamento e da ocupação do solo urbano, bem como a proteção do patrimônio histórico-cultural local, observada a legislação e a ação fiscalizadora federal e estadual.

É que a ordenação territorial municipal é interesse predominante do município, competência material que é precipuamente realizada pela aprovação do seu Plano Diretor, assim como através da proteção do patrimônio cultural local, pois a União cuidará do patrimônio cultural nacional e os estados/Distrito Federal, do regional.

Em regra, todas as pessoas políticas terão competência para legislar sobre o meio ambiente. Nesse sentido, na forma do artigo 24, incisos VI, VII e VIII, da Constituição Federal, compete à União, aos estados e ao Distrito Federal legislar sobre:

- Florestas, caça, pesca, fauna, conservação da natureza, defesa do solo e dos recursos naturais, proteção do meio ambiente e controle da poluição;
- Proteção ao patrimônio histórico, cultural, artístico, turístico e paisagístico;
- Responsabilidade por dano ao meio ambiente, ao consumidor, a bens e direitos de valor artístico, estético, histórico, turístico e paisagístico.

Já a competência legiferante municipal não está prevista no artigo 24, da Lei Maior, e sim no artigo 30, incisos I e II, vez que compete aos municípios legislar sobre assuntos de interesse local e suplementar a legislação federal e a estadual no que couber.

POSIÇÃO DO STF

De acordo com o STF (RE 607940/DF, rel. Min. Teori Zavascki, 29.10.2015), "os Municípios com mais de 20 mil habitantes e o Distrito Federal podem legislar sobre programas e projetos específicos de ordenamento do espaço urbano por meio de leis que sejam compatíveis com as diretrizes fixadas no plano diretor. Mencionou que a Constituição prevê competência concorrente aos entes federativos para fixar normas gerais de urbanismo (art. 24, I e § 1º, e 30, II) e que, a par dessa competência, aos Municípios fora atribuída posição de preponderância a respeito de matérias urbanísticas. Asseverou ainda, que nem toda matéria urbanística relativa às formas de parcelamento, ao uso ou à ocupação do solo deveria estar inteiramente regrada no plano diretor. Enfatizou que determinados modos de aproveitamento do solo urbano, pelas suas singularidades, poderiam receber disciplina jurídica autônoma, desde que compatível com o plano diretor" (Informativo 805).

Destarte, competirá à União editar normas gerais sobre o meio ambiente; aos estados e ao Distrito Federal caberá a edição de leis ambientais de acordo com os interesses regionais, respeitado o regramento geral federal; aos municípios competirá a promulgação de normas ambientais que observem as condições ambientais locais, cabendo ainda suplementar as normas federais e estaduais.

Como não há hierarquia entre as leis federais, estaduais e municipais, o conflito entre as mesmas, se inconciliável, deverá ser resolvido pela verificação concreta da invasão de competência.

Se uma lei federal, por exemplo, foi extremamente analítica ao entrar em temas regionais que deveriam ser tratados pelas leis estaduais, é a federal que deverá ser formalmente pronunciada inconstitucional. Ao revés, se uma lei estadual conflita com uma lei federal, versando sobre tema enquadrado como norma geral sobre meio ambiente, é a norma estadual que deverá ser invalidada.

Vale salientar que, de acordo com os §§ 2º, 3º e 4º, do artigo 24, da Lei Maior, a competência da União para legislar sobre normas gerais não exclui a competência suplementar dos estados, bem como inexistindo lei federal sobre normas gerais, os estados exercerão a competência legislativa plena, para atender a suas peculiaridades, sendo que a superveniência de lei federal sobre normas gerais suspende a eficácia da lei estadual, no que lhe for contrário.

Por conseguinte, se a União quedar-se inerte e não edital uma lei geral sobre determinado tema ambiental, os estados e o Distrito federal exercerão a competência legislativa plena até a edição ulterior da norma federal, sendo que a eventual incompatibilidade gerará a suspensão da eficácia da norma estadual, que poderá ser reativada com a ulterior revogação da norma federal.

Por exceção, determinadas competências ambientais foram reservadas em favor da União, ente político central. Com propriedade, a teor do artigo

22, incisos III, XII e XXVI, é competência privativa da União legislar sobre águas, energia, jazidas, minas e outros recursos minerais, assim como atividades nucleares de qualquer natureza.

 POSIÇÃO DO STF

"ENERGIA NUCLEAR. COMPETÊNCIA LEGISLATIVA DA UNIÃO. ART. 22, XXVI, DA CONSTITUIÇÃO FEDERAL. É inconstitucional norma estadual que dispõe sobre atividades relacionadas ao setor nuclear no âmbito regional, por violação da competência da União para legislar sobre atividades nucleares, na qual se inclui a competência para fiscalizar a execução dessas atividades e legislar sobre a referida fiscalização. Ação direta julgada procedente" (ADI 1.575, de 07.04.2010).

1.3.2. MEIO AMBIENTE ARTIFICIAL

O ambiente artificial é criado pelo ser humano com o manejo dos recursos da natureza. É composto por bens tangíveis ou intangíveis que não integram o patrimônio cultural, destacando-se as cidades.

De acordo com o artigo 182, da Constituição Federal, a política de desenvolvimento urbano, executada pelo Poder Público municipal, conforme diretrizes gerais fixadas em lei, tem por objetivo ordenar o pleno desenvolvimento das funções sociais da cidade e garantir o bem-estar de seus habitantes.

Assim, são os municípios, entes políticos locais, quem deverão promover o desenvolvimento urbano municipal, sendo plano diretor o instrumento básico da política de desenvolvimento e de expansão urbana, a ser aprovado pela Câmara de Vereadores, obrigatório para municípios com mais de 20.000 habitantes.

Ademais, nos moldes do artigo 41, da Lei 10.257/01 (Estatuto da Cidade), a aprovação de plano diretor também é obrigatória para os municípios integrantes de regiões metropolitanas e aglomerações urbanas, onde o Poder Público municipal pretenda utilizar os instrumentos previstos no § 4° do artigo 182 da Constituição Federal, integrantes de áreas de especial interesse turístico, incluídas no cadastro nacional de Municípios com áreas suscetíveis à ocorrência de deslizamentos de grande impacto, inundações bruscas ou processos geológicos ou hidrológicos correlatos e inseridas na área de influência de empreendimentos ou atividades com significativo impacto ambiental de âmbito regional ou nacional, mesmo que contem com menos de 20.000 habitantes.

A Constituição Federal não lista os pressupostos para que a propriedade urbana atenda a sua função social. Na forma do artigo 182, 2°, a propriedade urbana cumpre sua função social quando atende às exigências fundamentais de ordenação da cidade expressas no plano diretor.

Assim, a inobservância do plano diretor implicará no não atendimento da função social da propriedade urbana, podendo o município exigir do proprietário do solo urbano não edificado, subutilizado ou não utilizado, que promova seu adequado aproveitamento, sob pena, sucessivamente, de parcelamento ou edificação compulsórios; de imposto sobre a propriedade predial e territorial urbana progressivo no tempo e de desapropriação com pagamento mediante títulos da dívida pública de emissão previamente aprovada pelo Senado Federal, com prazo de resgate de até dez anos, em parcelas anuais, iguais e sucessivas, assegurados o valor real da indenização e os juros legais.

Vale lembrar que o direito fundamental de propriedade só é garantido pelo Estado se atendida a sua função social, conforme previsto no artigo 5º, incisos XXII e XXIII, da Constituição Federal de 1988.

Deverá o plano diretor contemplar o território municipal como um todo, devendo a lei que instituir o plano diretor deverá ser revista, pelo menos, a cada dez anos. A sua elaboração deverá garantir a promoção de audiências públicas e debates com a participação da população e de associações representativas dos vários segmentos da comunidade, assim como a publicidade quanto aos documentos e informações produzidos.

De efeito, o plano diretor deverá, ao menos, delimitar as áreas urbanas onde poderá ser aplicado o parcelamento, edificação ou utilização compulsórios, considerando a existência de infraestrutura e de demanda para utilização; o sistema de acompanhamento e controle; fixar áreas nas quais o direito de construir poderá ser exercido acima do coeficiente de aproveitamento básico adotado, mediante contrapartida a ser prestada pelo beneficiário; prever o direito de preempção, que confere ao Poder Público municipal preferência para aquisição de imóvel urbano objeto de alienação onerosa entre particulares; fixar áreas nas quais poderá ser permitida alteração de uso do solo, mediante contrapartida a ser prestada pelo beneficiário e a transferência do direito de construir.

1.3.3. MEIO AMBIENTE CULTURAL

O patrimônio cultural é formado por bens materiais ou imateriais criados pelo homem e que possuem elementos históricos, paisagísticos, artísticos, arqueológicos, paleontológicos, ecológicos e científicos que justifiquem a sua proteção.

De acordo com o artigo 216, da Constituição Federal, constituem o **patrimônio cultural brasileiro** os bens de natureza material e imaterial, tomados individualmente ou em conjunto, portadores de referência à identidade, à ação, à memória dos diferentes grupos formadores da sociedade brasileira.

No mesmo dispositivo constitucional há uma listagem meramente exemplificativa de bens componentes do patrimônio cultural brasileiro: as formas de expressão; os modos de criar, fazer e viver; as criações científicas, artísticas e tecnológicas; as obras, objetos, documentos, edificações e demais espaços destinados às manifestações artístico-culturais; os conjuntos urbanos e sítios de valor histórico, paisagístico, artístico, arqueológico, paleontológico, ecológico e científico.

Vale lembrar que a proteção do patrimônio cultural é competência material comum entre a União, os estados, o Distrito Federal e os municípios. A Constituição Federal exemplifica alguns instrumentos protetivos que o Poder Público deverá se valer: inventários, registros, vigilância, tombamento e desapropriação.

O **tombamento** é o instrumento de maior uso e regulado pelo Decreto--lei 25.1937, devendo ser utilizado pela União, estados, Distrito Federal e municípios para a proteção do patrimônio cultural tangível.

Em *sentido amplo*, pode ser definido como um procedimento administrativo que veicula uma modalidade não supressiva de intervenção concreta do Estado na propriedade privada ou mesmo pública, de índole declaratória, que tem o condão de limitar o uso, o gozo e a disposição de um bem, gratuito (em regra), permanente e indelegável, destinado à preservação do patrimônio cultural material (móvel ou imóvel), dos monumentos naturais e dos sítios e paisagens de feição notável, pela própria natureza ou por intervenção humana.

Já em *sentido estrito*, o tombamento é o ato administrativo de inscrição de um bem material em um dos Livros de Tombo.

Por sua vez, o **registro** objetiva tutelar o patrimônio cultural intangível, sendo regulado em termos federais pelo Decreto 3.551/2000. São exemplos de bens registrados pelo Instituto do Patrimônio Histórico e Artístico Nacional – IPHAN: Acarajé, Capoeira, Feira de Caruaru, Frevo, Círio de Nazaré e o modo artesanal de fazer o Queijo de Minas.

O artigo 216, §5º, da Constituição Federal, ainda promoveu diretamente o tombamento de todos os documentos e os sítios detentores de reminiscências históricas dos antigos quilombos.

Foi facultado aos estados e ao Distrito Federal vincular a fundo estadual de fomento à cultura até cinco décimos por cento de sua receita tributária líquida, para o financiamento de programas e projetos culturais, vedada a aplicação desses recursos no pagamento de despesas de pessoa, serviço da dívida ou despesas não vinculadas à cultura.

Com o advento da Emenda 48/2005, foi prevista a edição de lei para aprovar o **Plano Nacional de Cultura**, de duração plurianual, visando ao desenvolvimento cultural do País e à integração das ações do poder público que conduzem à defesa e valorização do patrimônio cultural brasileiro, a produção, promoção e difusão de bens culturais; a formação de pessoal qualificado para a gestão da cultura em suas múltiplas dimensões, a democratização do acesso aos bens de cultura e a valorização da diversidade étnica e regional. Finalmente, com o advento da Lei 12.343/2010, foi aprovado o Plano Nacional de Cultura.

1.3.4. MEIO AMBIENTE NATURAL

O principal dispositivo da Constituição Federal de 1988 acerca do meio ambiental natural é o artigo 225, fortemente influenciado pela Constituição portuguesa de 1976. Logo na cabeça do artigo, foi instituído o **direito fundamental ao meio ambiente ecologicamente equilibrado**, bem de uso comum do povo e essencial à sadia qualidade de vida, impondo-se ao Poder Público e à coletividade o dever de defendê-lo e preservá-lo para as presentes e futuras gerações.

Trata-se de direito fundamental de terceira geração, pois de tutela coletiva, imaterial e titularidade por toda a coletividade brasileira, que ao mesmo tempo é credora e devedora desse direito, sendo de responsabilidade do Estado e da sociedade brasileira efetivá-lo.

Já no §1º, do artigo 225, da Constituição, com o objetivo de realizar o direito fundamental ao meio ambiente ecologicamente equilibrado, o legislador constitucional cominou **deveres ambientais ao Poder Público**:

> I – preservar e restaurar os processos ecológicos essenciais e prover o manejo ecológico das espécies e ecossistemas;
>
> II – preservar a diversidade e a integridade do patrimônio genético do País e fiscalizar as entidades dedicadas à pesquisa e manipulação de material genético;
>
> III – definir, em todas as unidades da Federação, espaços territoriais e seus componentes a serem especialmente protegidos, sendo a alteração e a supressão permitidas somente através de lei, vedada qualquer utilização que comprometa a integridade dos atributos que justifiquem sua proteção;
>
> IV – exigir, na forma da lei, para instalação de obra ou atividade potencialmente causadora de significativa degradação do meio ambiente, estudo prévio de impacto ambiental, a que se dará publicidade;
>
> V – controlar a produção, a comercialização e o emprego de técnicas, métodos e substâncias que comportem risco para a vida, a qualidade de vida e o meio ambiente;
>
> VI – promover a educação ambiental em todos os níveis de ensino e a conscientização pública para a preservação do meio ambiente;
>
> VII – proteger a fauna e a flora, vedadas, na forma da lei, as práticas que coloquem em risco sua função ecológica, provoquem a extinção de espécies ou submetam os animais a crueldade.

IMPORTANTE

Por sua vez, foi prevista a responsabilidade civil, administrativa e criminal por condutas prejudiciais ao ambiente, pois, de acordo com o §3°, "as condutas e atividades consideradas lesivas ao meio ambiente sujeitarão os infratores, pessoas físicas ou jurídicas, a sanções penais e administrativas, independentemente da obrigação de reparar os danos causados".

Em regra, as instâncias de responsabilização nas três esferas são independentes, salvo previsão legal contrária, sendo possível que uma pessoa jurídica responda por um crime ambiental, conforme expresso permissivo constitucional.

Outrossim, foi prevista especificamente a responsabilidade civil por danos ambientais do minerador (§2°), tendo em conta a lesividade ambiental da mineração, pois "aquele que explorar recursos minerais fica obrigado a recuperar o meio ambiente degradado, de acordo com solução técnica exigida pelo órgão público competente, na forma da lei".

IMPORTANTE

O legislador constituinte assim se preocupou com a preservação e o desenvolvimento sustentável dos grandes Biomas do Brasil, declarando a Floresta Amazônica brasileira, a Mata Atlântica, a Serra do Mar, o Pantanal Mato-Grossense e a Zona Costeira como **patrimônio nacional**, e sua utilização far-se-á, na forma da lei, dentro de condições que assegurem a preservação do meio ambiente, inclusive quanto ao uso dos recursos naturais (§4°).

É preciso, contudo, saber interpretar a intenção do constituinte quando aduziu que esses importantes Biomas são "patrimônio nacional", que não converteu essas áreas em bens públicos.

POSIÇÃO DO STF

De acordo com o STF, ao julgar o recurso extraordinário 134.297, de 09.10.1995, "a norma inscrita no ART.225, PAR.4., da Constituição deve ser interpretada de modo harmonioso com o sistema jurídico consagrado pelo ordenamento fundamental, notadamente com a cláusula que, proclamada pelo art. 5., XXII, da Carta Política, garante e assegura o direito de propriedade em todas as suas projeções, inclusive aquela concernente a compensação financeira devida pelo Poder Público ao proprietário atingido por atos imputáveis a atividade estatal. O preceito consubstanciado no ART.225, PAR. 4., da Carta da Republica, além de não haver convertido em bens públicos os imóveis particulares abrangidos pelas florestas e pelas matas nele referidas (Mata Atlântica, Serra do Mar, Floresta Amazônica brasileira), também não impede a utilização, pelos próprios particulares, dos recursos naturais existentes naquelas áreas que estejam sujeitas ao domínio privado, desde que observadas as prescrições legais e respeitadas as condições necessárias a preservação ambiental. – A ordem constitucional dispensa tutela efetiva ao direito de propriedade (CF/88, art. 5., XXII)".

Assim, neste caso "patrimônio nacional" não significa "bem público", razão pela qual é garantida a propriedade privada nos Biomas declarados como patrimônio nacional, conquanto a utilização dos recursos naturais apenas possa ser feita observadas as restrições legais.

Vale salientar ainda que o Cerrado e a Caatinga foram Biomas esquecidos pela Constituição Federal, pois não consagrados como patrimônio nacional, lamentável falha do texto supremo.

O artigo 225 ainda prevê que são indisponíveis as terras devolutas ou arrecadadas pelos estados, por ações discriminatórias, necessárias à proteção dos ecossistemas naturais (§5º).

O objetivo desse dispositivo foi afetar as terras devolutas necessárias à proteção ambiental, vez que impedirá a sua alienação pelos estados da federação, em razão da afetação em prol do ambiente.

Vale frisar que, em regra, as terras devolutas são de propriedade dos estados, nos termos do artigo 26, inciso IV, da Constituição Federal, enquadrando-se como bens públicos dominiais, assim consideradas as que legitimamente não integram o patrimônio privado e não sofrem utilização efetiva pelo Poder Público, devendo ser alvo das ações de discriminação.

Contudo, são de propriedade da União as terras devolutas indispensáveis à preservação ambiental, definidas em lei, na forma do artigo 20, inciso II, da Constituição Federal.

Por fim, determina o artigo 225, da Lei Maior, que as usinas que operem com reator nuclear deverão ter sua localização definida em lei federal, sem o que não poderão ser instaladas (§6º), mesmo porque apenas a União possui competência para legislar sobre energias e atividades nucleares de qualquer natureza (artigo 22, incisos IV e XXVI).

1.4. O PRINCÍPIO DO DESENVOLVIMENTO ECONÔMICO SUSTENTÁVEL, A SUSTENTABILIDADE E SUAS BOAS PRÁTICAS

De acordo com o Vocabulário Básico de Recursos Naturais e Meio Ambiente do IBGE, desenvolvimento sustentável é o paradigma de desenvolvimento surgido a partir das discussões das décadas de 70 e 80 do século XX sobre os limites ao crescimento da população humana, da economia e da utilização dos recursos naturais. O desenvolvimento sustentável procura integrar e harmonizar as ideias e conceitos relacionados ao crescimento econômico, a justiça e ao bem estar social, a conservação ambiental e a utilização racional dos recursos naturais. Para tanto considera as dimensões social, ambiental, econômica e institucional do desenvolvimento. O termo Desenvolvimento Sustentável surgiu em 1980 na publicação *World Conservation Strategy: living resource conservation for sustainable development*, elaborado pela *International Union for Conservation of Nature and Natural*

Resources (IUCN), em colaboração com o Programa das Nações Unidas para o Meio Ambiente (PNUMA) e outras instituições internacionais. Ainda não foi alcançado um consenso sobre seu conceito, que tem se modificado muito rapidamente, estando em construção. Em termos sociais o desenvolvimento sustentável propõe a repartição mais justa das riquezas produzidas (justiça social), a universalização do acesso à educação e à saúde, e a equidade entre sexos, grupos étnicos, sociais e religiosos, entre outros aspectos. Para ser sustentável o desenvolvimento tem de significar melhoria na qualidade de vida de toda a população, assegurando condições de vida dignas a todos e justiça social. Do ponto de vista ambiental, o desenvolvimento sustentável propõe a utilização parcimoniosa dos recursos naturais, de forma a garantir o seu uso pelas gerações futuras. Para tal, propõe que os recursos naturais renováveis sejam usados aquém de sua capacidade de renovação, e os não renováveis de forma parcimoniosa, permitindo o seu uso pelo máximo de tempo e de gerações. Propõe, ainda, a preservação de amostras significativas do ambiente natural, de forma a garantir a manutenção dos serviços ambientais que estas áreas propiciam e a qualidade de vida da população do entorno. Uma das características deste novo paradigma de desenvolvimento é o compromisso e a preocupação com as condições de vida das próximas gerações. Quanto à economia, o desenvolvimento sustentável postula o crescimento baseado no aumento da eficiência de uso da energia e dos recursos naturais. O desenvolvimento sustentável postula também mudanças nos padrões de consumo da sociedade e nos padrões de produção, com a redução do desperdício e maior consciência dos impactos causados pelo uso dos recursos naturais. Em termos institucionais, o desenvolvimento sustentável avalia o grau de participação e controle da sociedade sobre as instituições públicas e privadas, o aparelhamento do estado para lidar com as questões ambientais, o envolvimento em acordos internacionais, o montante de investimento em proteção ao meio ambiente, ciência e tecnologia e o acesso a novas tecnologias. A dimensão institucional trata da orientação política, da capacidade e do esforço despendido pela sociedade para que sejam realizadas as mudanças necessárias a efetiva implementação deste novo paradigma de desenvolvimento. Neste novo paradigma, a palavra desenvolvimento leva em conta não apenas o crescimento da atividade econômica, mas também as melhorias sociais, institucionais e a sustentabilidade ambiental, buscando, em última análise, garantir o bem estar da população a longo prazo, assegurando um meio ambiente saudável para as futuras gerações.

    O **Princípio do Desenvolvimento Sustentável** goza de previsão implícita na cabeça do artigo 225, combinado com o artigo 170, VI, ambos da Constituição Federal e expressa no **Princípio 04 da Declaração do Rio**: "Para se alcançar um desenvolvimento sustentável, a proteção ambiental deve constituir parte integrante do processo de desenvolvimento e não pode ser considerada separadamente", tendo sido plantada a sua semente mundial na Conferência de Estocolmo de 1972.

Antes, em 1950, a IUCN (*World Conservation/International Union Conservation of Nature*) ofertou ao mundo um trabalho que pela primeira vez utilizou a expressão "desenvolvimento sustentável".

IMPORTANTE

Posteriormente, em 1987, o **Relatório Brundtland** (Nosso Futuro Comum), elaborado pela Comissão Mundial sobre Meio Ambiente e Desenvolvimento, delimitou o desenvolvimento sustentável como "o desenvolvimento que satisfaz as necessidades presentes, sem comprometer a capacidade das gerações futuras de suprir suas próprias necessidades".

QUESTÃO DE CONCURSO
CESPE 2014 – ANALISTA LEGISLATIVO DA CÂMARA DOS DEPUTADOS
A Organização das Nações Unidas (ONU) realiza, desde 1972, conferências com o objetivo de debater temas ligados ao desenvolvimento e ao meio ambiente. O Brasil sediou duas delas no Rio de Janeiro, em 1992 (Rio-92) e 2012 (Rio+20). Considerando os resultados dessas conferências realizadas pela ONU, tanto no plano nacional como no internacional, julgue o item a seguir. O desenvolvimento sustentável foi definido na Declaração de Estocolmo de 1972.
ERRADA

No Brasil, não se trata de inovação do atual ordenamento constitucional ou da RIO 1992, pois já presente anteriormente em nosso ordenamento jurídico, vez que a Política Nacional do Meio Ambiente visará "à compatibilização do desenvolvimento econômico social com a preservação da qualidade do meio ambiente e do equilíbrio ecológico", nos termos do artigo 4.º, I, da Lei 6.938/1981.

Deveras, **as necessidades humanas são ilimitadas** (fruto de um consumismo exagerado incentivado pelos fornecedores de produtos e serviços ou mesmo pelo Estado), **mas os recursos ambientais naturais não, tendo o planeta Terra uma capacidade máxima de suporte**, sendo curial buscar a SUSTENTABILIDADE.

Segundo a União Internacional para a Conservação da Natureza, em *Cuidando do Planeta Terra*: uma estratégia para o futuro da vida, são princípios da vida sustentável:

"1) Respeitar e cuidar da comunidade dos seres vivos;

2) Melhorar a qualidade da vida humana;

3) Conservar a vitalidade e a diversidade do planeta;

4) Minimizar o esgotamento de recursos não renováveis;

5) Permanecer nos limites da capacidade de suporte do planeta Terra;

6) Modificar atitudes e práticas pessoais;
7) Permitir que as comunidades cuidem de seu próprio meio ambiente;
8) Gerar uma estrutura nacional para a integração de desenvolvimento e conservação;
9) Construir uma aliança global".

Eis algumas **práticas de sustentabilidade**:

1. Utilização de lâmpadas econômicas, fluorescentes ou LED;

2. Implantação de sistemas de sensores de presença para o acendimento automático de lâmpadas;

3. Uso de torneiras de pressão ou com sensores de presença para acionamento automático;

4. Secadores de mãos automáticos que dispensem o uso de toalhas de papel;

5. Uso de bebedouros que dispensem o uso de copos descartáveis;

6. Ampliação do pé direito de ambientes, retirada de divisórias, implantação de janelas e outras aberturas para possibilitar ventilação cruzada minimizar o aquecimento de ambientes e a necessidade do uso de equipamento de ar condicionado;

7. Implantação e de beirais, venezianas e brises para quebrar a insolação, a fim de minimizar o aquecimento de ambientes e a necessidade do uso de equipamento de ar condicionado;

8. Substituição de válvulas de descargas por caixas acopladas aos vasos sanitários para diminuição do consumo de água;

9. Implantação de sistemas de reuso de água para economia de energia;

10. Implantação de sistemas de captação de água de chuva para economia de água;

11. Implantação de sistemas de aquecimento solar de água para economia de energia;

12. Implantação de sistemas de geração de energia eólica ou solar;

13. Diversas outras iniciativas ainda poderão ser assimiladas para contribuir com a adequação de um edifício já construído visando uma gestão ambiental e economicamente sustentável.[1]

---

1. Curso de Capacitação SUSTENTABILIDADE NA ADMINISTRAÇÃO PÚBLICA.

Frise-se que a livre iniciativa que fundamenta a Ordem Econômica não é absoluta, tendo limites em vários princípios constitucionais, em especial devendo observar a defesa do meio ambiente, conforme previsão expressa do artigo 170, VI, da Lei Maior, inclusive devendo-se dar tratamento privilegiado aos agentes econômicos que consigam reduzir os impactos ambientais negativos em decorrência de seus empreendimentos.

Veja-se o STF, ao julgar a ADI-MC 3.540, em 01.09.2005:

> "A incolumidade do meio ambiente não pode ser comprometida por interesses empresariais nem ficar dependente de motivações de índole meramente econômica, ainda mais se tiver presente que a atividade econômica, considerada a disciplina constitucional que a rege, está subordinada, dentre outros princípios gerais, àquele que privilegia a 'defesa do meio ambiente' (CF, artigo 170, VI), que traduz conceito amplo e abrangente das noções de meio ambiente natural, de meio ambiente cultural, de meio ambiente artificial (espaço urbano) e de meio ambiente laboral. Doutrina".

Outrossim, o STF de maneira vinculante validou a vedação regulamentar à importação de pneus usados, pois afeta o desenvolvimento sustentável e a saúde, uma vez que estes resíduos sólidos geram um grande passivo ambiental. Abaixo, transcreve-se passagem do *Informativo* 552:

> "O Tribunal, por maioria, julgou parcialmente procedente pedido formulado em arguição de descumprimento de preceito fundamental, ajuizada pelo Presidente da República, e declarou inconstitucionais, com efeitos *ex tunc*, as interpretações, incluídas as judicialmente acolhidas, que permitiram ou permitem a importação de pneus usados de qualquer espécie, aí insertos os remoldados. Ficaram ressalvados os provimentos judiciais transitados em julgado, com teor já executado e objeto completamente exaurido – v. *Informativo* 538. Entendeu-se, em síntese, que, apesar da complexidade dos interesses e dos direitos envolvidos, a ponderação dos princípios constitucionais revelaria que as decisões que autorizaram a importação de pneus usados ou remoldados teriam afrontado os preceitos constitucionais da saúde e do meio ambiente ecologicamente equilibrado e, especificamente, os princípios que se expressam nos artigos 170, I e VI, e seu parágrafo único, 196 e 225, todos da CF ('Artigo 196. A saúde é direito de todos e dever do Estado, garantido mediante políticas sociais e econômicas que visem à redução do risco de doença e de outros agravos e ao acesso universal e igualitário às ações e serviços para sua promoção, proteção e recuperação. [...] Artigo 225. Todos têm direito ao meio ambiente ecologicamente equilibrado, bem de uso comum do povo e essencial à sadia qualidade de vida, impondo-se ao Poder Público e à coletividade o dever de defendê-lo e preservá-lo para as presentes e futuras gerações'). Vencido o Min. Marco Aurélio que julgava o pleito improcedente" (ADPF 101/DF, rel. Min. Cármen Lúcia, 24.06.2009).

Assim, caso a caso, é preciso que o Poder Público verifique a viabilidade ambiental da atividade a ser desenvolvida, de modo que os proveitos justifiquem os eventuais danos ambientais que possam dela advir (como exemplo, a construção de uma hidrelétrica normalmente traz sérios danos ambientais, tais como a destruição das florestas que serão cobertas pelas águas, sem falar na necessidade de transferência de animais silvestres. Assim, para licenciar a obra, caberá ao órgão ambiental competente tomar a difícil decisão: a energia a ser gerada justificará os danos? Não há resposta geral, devendo ser analisado o caso concreto).

Normalmente, em alguns casos, o Poder Judiciário vem dando a última palavra sobre a viabilidade ambiental de projetos significativamente poluidores, sendo discutível a possibilidade do controle judicial do mérito do ato administrativo que licencia empreendimento ambiental, ponderando os fins com a degradação-meio.

Destarte, **desenvolvimento sustentável é aquele que atende às necessidades do presente sem comprometer a possibilidade de existência digna das gerações futuras**, sendo possível melhorar a qualidade de vida dos vivos sem prejudicar o potencial desenvolvimento das novas gerações.

QUESTÃO DE CONCURSO
CESPE 2014 – ANALISTA LEGISLATIVO DA CÂMARA DOS DEPUTADOS
A efetividade do princípio do desenvolvimento sustentável relaciona-se com a ética solidária entre as gerações, de modo que a utilização econômica dos recursos naturais não renováveis pelas gerações atuais não deverá esgotá-los, bem como deverá manter-se em patamares mínimos.

CERTA

QUESTÃO DE CONCURSO
CESPE 2013 – ANALISTA DO IBAMA
A efetividade do princípio do desenvolvimento sustentável na gestão ambiental está relacionada à responsabilidade ambiental entre as gerações, mas não à solidariedade perante as necessidades das gerações futuras, pois a livre iniciativa de mercado orienta a ordem econômica brasileira.

ERRADA

Será sustentável apenas o desenvolvimento que observe a capacidade de suporte da poluição pelos ecossistemas, respeitando a perenidade dos recursos naturais, a fim de manter bons padrões de qualidade ambiental.

IMPORTANTE

Todavia, o Princípio do Desenvolvimento Sustentável não possui apenas uma vertente econômico-ambiental, mas também tem uma **acepção social**, consistente na justa repartição das riquezas do mundo, pois inexiste qualquer razoabilidade em se determinar a alguém que preserve os recursos naturais sem previamente disponibilizar as mínimas condições de dignidade humana.

QUESTÃO DE CONCURSO
FCC 2012 – ANALISTA DO TRF DA 5ª REGIÃO

Desenvolvimento Sustentável

(A) envolve iniciativas que concebem o meio ambiente de modo articulado com as questões sociais, tais como: saúde, habitação e educação, e que estimulem uma visão acrítica da população acerca das questões ambientais.

(B) e crescimento econômico são sinônimos, significando atividades de incentivo ao desenvolvimento do país, seguindo modelos de avanço tecnológico e científico.

(C) significa crescimento da economia, demonstrado pelo aumento anual do Produto Nacional Bruto (PNB) combinado com melhorias tecnológicas e ganhos sociais relevantes.

(D) pode ser alcançado somente através de políticas e diretrizes governamentais de estímulo à redução do crescimento populacional do país, tendo em vista que a dinâmica demográfica exerce forte impacto sobre o meio ambiente em geral e os recursos naturais em particular.

(E) significa crescimento econômico com utilização dos recursos naturais, porém com respeito ao meio ambiente, à preservação das espécies e à dignidade humana, de modo a garantir a satisfação das necessidades das presentes e futuras gerações.

LETRA E

Nesse sentido, de acordo com o artigo 3.º, II, da Lei Complementar 140/2011, a atuação ambiental comum dos entes federativos terá como objetivo fundamental garantir o equilíbrio do desenvolvimento socioeconômico com a proteção do meio ambiente, observando a dignidade da pessoa humana, a erradicação da pobreza e a redução das desigualdades sociais e regionais.

Aliás, importante aduzir que desenvolvimento não será necessariamente sinônimo de crescimento, pois não implica obrigatoriamente na majoração de produtos e serviços no bojo da economia, sendo teoricamente possível a redução da poluição e das desigualdades sociais sem o crescimento da economia, mas com desenvolvimento sustentável.

Um instrumento de implantação que aos poucos vem sendo utilizado mundialmente para se atingir o ideal da sustentabilidade é o **pagamento** pelos serviços ambientais,[2] pois imprescindíveis à manutenção da vida na Terra, sendo um dos principais exemplos o mercado de créditos de carbono instituído pelo Protocolo de Kyoto, estudado no Capítulo sobre Direito Internacional Ambiental.

É cada vez mais difundida a denominada **economia verde**, assim considerada a que adota métodos produtivos menos impactantes ao ambiente com o propósito de realizar um verdadeiro desenvolvimento sustentável.

Este princípio decorre de uma vertente conservadorista do ambientalismo, que parece ter sido a opção do poder constituinte originário no Brasil, ao promulgar a atual Constituição, visto que os preservacionistas são radicais ao pregarem a intangibilidade dos recursos naturais.

IMPORTANTE

Saliente-se que **este princípio tem aplicação aos recursos naturais renováveis, a exemplo das florestas e animais, e não aos não renováveis, como os minérios.** Nestes casos, a sua utilização deve ser racional e prolongada ao máximo, devendo-se optar, sempre que possível, pela substituição por um recurso renovável, a exemplo do etanol em vez da gasolina, que, inclusive, é menos agressivo ao ar atmosférico.

Entretanto, é duvidosa a possibilidade real da implantação de um verdadeiro modelo de desenvolvimento sustentável das nações, podendo ser um mero discurso capitalista para manter as coisas como estão.

Vale ressaltar que há uma doutrina política da maioria das nações e das grandes empresas privadas em prol do desenvolvimento econômico sustentável, mas de pouca efetividade prática, pois ainda são tímidas as medidas concretizadas.

Inclusive, o discurso da sustentabilidade poderá atender apenas aos interesses capitalistas ao se negar a discutir a essência das relações capitalistas de produção e respectivos impactos na natureza, pois parte da premissa de que é possível compatibilizar o desenvolvimento econômico com a preservação ambiental, sem questionar profundamente o modo de produção.

---

2. De acordo com o Vocabulário Básico de Recursos Naturais e do Meio Ambiente do IBGE, entende-se por serviços ambientais: "conceito associado a tentativa de valoração dos benefícios ambientais que a manutenção de áreas naturais pouco alteradas pela ação humana traz para o conjunto da sociedade. Entre os serviços ambientais mais importantes estão a produção de água de boa qualidade, a depuração e a descontaminação natural de águas servidas (esgotos) no ambiente, a produção de oxigênio e a absorção de gases tóxicos pela vegetação, a manutenção de estoques de predadores de pragas agrícolas, de polinizadores, de exemplares silvestres de organismos utilizados pelo homem (fonte de gens usados em programas de melhoramento genético), a proteção do solo contra a erosão, a manutenção dos ciclos biogeoquímicos etc. Os serviços ambientais são imprescindíveis à manutenção da vida na Terra".

Assim, a depender de sua interpretação e aplicação concreta, a doutrina da sustentabilidade poderá se caracterizar como um belo discurso dos governantes e das grandes corporações que não permitirá uma real reflexão sobre o modo de produção dos países, pois tradicionalmente o capitalismo objetiva a acumulação privada de riqueza abstrata, sendo que os recursos naturais apenas interessam na medida em que podem ser convertidos em pecúnia, e não por seu valor intrínseco.

Sobre essa questão, vale transcrever integralmente uma impecável crítica elaborada pelo filósofo Leonardo Boff:[3]

> "Sustentabilidade: adjetivo ou substantivo?
> 07/06/2011
> por Leonardo Boff
> É de bom tom hoje falar de sustentabilidade. Ela serve de etiqueta de garantia de que a empresa, ao produzir, está respeitando o meio ambiente. Atrás desta palavra se escondem algumas verdades, mas também muitos engodos. De modo geral, ela é usada como adjetivo e não como substantivo. Explico-me: como adjetivo é agregada a qualquer coisa sem mudar a natureza da coisa. Exemplo: posso diminuir a poluição química de uma fábrica, colocando filtros melhores em suas chaminés que vomitam gases. Mas a maneira com que a empresa se relaciona com a natureza donde tira os materiais para a produção, não muda; ela continua devastando; a preocupação não é com o meio ambiente, mas com o lucro e com a competição que tem que ser garantida. Portanto, a sustentabilidade é apenas de acomodação e não de mudança; é adjetiva, não substantiva.
> Sustentabilidade como substantivo exige uma mudança de relação para com a natureza, a vida e a Terra. A primeira mudança começa com outra visão da realidade. A Terra está viva e nós somos sua porção consciente e inteligente. Não estamos fora e acima dela como quem domina, mas dentro como quem cuida, aproveitando de seus bens, mas respeitando seus limites. Há interação entre ser humano e natureza. Se poluo o ar, acabo adoecendo e reforço o efeito estufa donde se deriva o aquecimento global. Se recupero a mata ciliar do rio, preservo as águas, aumento seu volume e melhoro minha qualidade de vida, dos pássaros e dos insetos que polinizam as árvores frutíferas e as flores do jardim.
> Sustentabilidade como substantivo acontece quando nos fazemos responsáveis pela preservação da vitalidade e da integridade dos ecossistemas. Devido à abusiva exploração de seus bens e serviços, tocamos nos limites da Terra. Ela não consegue, na ordem de 30%, recompor o que lhe foi tirado e roubado. A Terra está ficando, cada vez mais pobre: de florestas, de águas, de solos férteis, de ar limpo e de biodiversidade. E o que é mais grave: mais

---

3. Disponível em: <http://leonardoboff.wordpress.com/2011/06/07/sustentabilidade-adjetivo-ou-substantivo/>.

empobrecida de gente com solidariedade, com compaixão, com respeito, com cuidado e com amor para com os diferentes. Quando isso vai parar? A sustentabilidade como substantivo é alcançada no dia em que mudarmos nossa maneira de habitar a Terra, nossa Grande Mãe, de produzir, de distribuir, de consumir e de tratar os dejetos. Nosso sistema de vida está morrendo, sem capacidade de resolver os problemas que criou. Pior, ele nos está matando e ameaçando todo o sistema de vida.

Temos que reinventar um novo modo de estar no mundo com os outros, com a natureza, com a Terra e com a Última Realidade. Aprender a ser mais com menos e a satisfazer nossas necessidades com sentido de solidariedade para com os milhões que passam fome e com o futuro de nossos filhos e netos. Ou mudamos, ou vamos ao encontro de previsíveis tragédias ecológicas e humanitárias.

Quando aqueles que controlam as finanças e os destinos dos povos se reúnem, nunca é para discutir o futuro da vida humana e a preservação da Terra. Eles se encontram para tratar de dinheiros, de como salvar o sistema financeiro e especulativo, de como garantir as taxas de juros e os lucros dos bancos. Se falam de aquecimento global e de mudanças climáticas é quase sempre nesta ótica: quanto posso perder com estes fenômenos? Ou então, como posso ganhar comprando ou vendendo bônus de carbono (compro de outros países licença para continuar a poluir)? A sustentabilidade de que falam não é nem adjetiva, nem substantiva. É pura retórica. Esquecem que a Terra pode viver sem nós, como viveu por bilhões de anos. Nós não podemos viver sem ela.

Não nos iludamos: as empresas, em sua grande maioria, só assumem a responsabilidade socioambiental na medida em que os ganhos não sejam prejudicados e a competição não seja ameaçada. Portanto, nada de mudanças de rumo, de relação diferente para com a natureza, nada de valores éticos e espirituais. Como disse muito bem o ecólogo social uruguaio E. Gudynas: 'a tarefa não é pensar em desenvolvimento alternativo, mas em alternativas de desenvolvimento'.

Chegamos a um ponto em que não temos outra saída senão fazer uma revolução paradigmática, senão seremos vítimas da lógica férrea do Capital que nos poderá levar a um fenomenal impasse civilizatório".

De acordo com o Vocabulário Básico de Recursos Naturais e Meio Ambiente do IBGE, SUSTENTABILIDADE AMBIENTAL é um conceito associado ao Desenvolvimento Sustentável, envolve a utilização racional dos recursos naturais, sob a perspectiva do longo prazo. A utilização sustentável dos recursos naturais é aquela em que os recursos naturais renováveis são usados abaixo da sua capacidade natural de reposição, e os não renováveis de forma parcimoniosa e eficiente, aumentando sua vida útil. Em termos de energia, a sustentabilidade preconiza a substituição de combustíveis fósseis e energia nuclear por fontes renováveis, como a energia solar, a eólica, das marés, da biomassa, etc. A sustentabilidade ambiental é caracterizada pela manutenção da capacidade do ambiente de prover os serviços ambientais e os recursos necessários ao desenvolvimento das sociedades humanas de forma permanente.

Aliás, já se discute no Senado da República brasileira o **decrescimento**, o que ocorreu efetivamente em audiência pública ocorrida no dia 05 de setembro de 2011:

> "O decrescimento é um slogan político que tem como objetivo romper com o produtivismo. Tem como meta, sobretudo, insistir no abandono do crescimento econômico pelo crescimento. Sob o decrescimento se agrupam aqueles que têm realizado uma crítica radical ao desenvolvimento e que querem desenhar os contornos de um projeto alternativo para uma política de pós-desenvolvimento. É uma proposição necessária para reabrir o espaço da invenção e da criatividade bloqueada pelo totalitarismo economicista, desenvolvimentista e progressista. Para os adeptos do decrescimento, o desenvolvimento econômico longe de ser o remédio para os problemas sociais e ecológicos é a origem deles e por isso, deve ser analisado e denunciado como tal."

Coube à Lei 13.186, de 11 de novembro de 2015, instituir a **Política de Educação para o Consumo Sustentável**[4], com o objetivo geral de estimular a adoção de práticas de consumo e de técnicas de produção ecologicamente sustentáveis, a ser implementada por todas as esferas de governo.

São objetivos específicos dessa Política:

> I – incentivar mudanças de atitude dos consumidores na escolha de produtos que sejam produzidos com base em processos ecologicamente sustentáveis;
> II – estimular a redução do consumo de água, energia e de outros recursos naturais, renováveis e não renováveis, no âmbito residencial e das atividades de produção, de comércio e de serviços;
> III – promover a redução do acúmulo de resíduos sólidos, pelo retorno pós-consumo de embalagens, pilhas, baterias, pneus, lâmpadas e outros produtos considerados perigosos ou de difícil decomposição;
> IV – estimular a reutilização e a reciclagem dos produtos e embalagens;
> V – estimular as empresas a incorporarem as dimensões social, cultural e ambiental no processo de produção e gestão;
> VI – promover ampla divulgação do ciclo de vida dos produtos, de técnicas adequadas de manejo dos recursos naturais e de produção e gestão empresarial;
> VII – fomentar o uso de recursos naturais com base em técnicas e formas de manejo ecologicamente sustentáveis;
> VIII – zelar pelo direito à informação e pelo fomento à rotulagem ambiental;
> IX – incentivar a certificação ambiental.

---

4. Entende-se por consumo sustentável o uso dos recursos naturais de forma a proporcionar qualidade de vida para a geração presente sem comprometer as necessidades das gerações futuras.

A União, os estados, o Distrito Federal e os municípios deverão promover campanhas em prol do consumo sustentável, em espaço nobre dos meios de comunicação de massa, bem como capacitar os profissionais da área de educação para inclusão do consumo sustentável nos programas de educação ambiental do ensino médio e fundamental.

Por fim, vale salientar a previsão do art. 73, do novo Código Florestal, ao dispor que os órgãos centrais e executores do SISNAMA criarão e implementarão, com a participação dos órgãos estaduais, **indicadores de sustentabilidade**, a serem publicados semestralmente, com vistas em aferir a evolução dos componentes do sistema abrangidos por disposições da nova legislação florestal.

1.5. OS PRINCÍPIOS DO POLUIDOR-PAGADOR E DO PROTETOR--RECEBEDOR

São princípios que fazer parte da mesma moeda, mas em faces distintas. Enquanto o Poluidor-pagador impõe ao agente que causa poluição por ela ser responsabilidade, o Protetor-recebedor prega que as pessoas que protegem o meio ambiente devem ser incentivadas por prestarem serviços ambientais.

1.5.1. POLUIDOR-PAGADOR

Por este princípio, **deve o poluidor responder pelos custos sociais da degradação causada por sua atividade impactante (as chamadas externalidades negativas)**, devendo-se agregar esse valor no custo produtivo da atividade, para evitar que se privatizem os lucros e se socializem os prejuízos. Ele se volta principalmente aos grandes poluidores.

Logo, caberá ao poluidor compensar ou reparar o dano causado. **Ressalte-se que este Princípio não deve ser interpretado de forma que haja abertura incondicional à poluição, desde que se pague** (não é pagador--poluidor), **só podendo o poluidor degradar o meio ambiente dentro dos limites de tolerância previstos na legislação ambiental, após licenciado.**

IMPORTANTE

Inclusive, o mesmo consta na Declaração do Rio de 1992, no **Princípio 16:** "Tendo em vista que o poluidor deve, em princípio, arcar com o custo decorrente da poluição, as autoridades nacionais devem procurar promover a internalização dos custos ambientais e o uso de instrumentos econômicos, levando na devida conta o interesse público, sem distorcer o comércio e os investimentos internacionais".

Este Princípio inspirou o § 1.º, do artigo 14, da Lei 6.938/1981, que prevê que "é o poluidor obrigado, independentemente da existência de culpa, a indenizar ou reparar os danos causados ao meio ambiente e a terceiros, afetados por sua atividade".

Nesse sentido, o Superior Tribunal de Justiça:

> "Pacífica a jurisprudência do STJ de que, nos termos do art. 14, § 1.º, da Lei 6.938/1981, o degradador, em decorrência do princípio do poluidor-pagador, previsto no art. 4.º, VII (primeira parte), do mesmo estatuto, é obrigado, independentemente da existência de culpa, a reparar – por óbvio que às suas expensas – todos os danos que cause ao meio ambiente e a terceiros afetados por sua atividade, sendo prescindível perquirir acerca do elemento subjetivo, o que, consequentemente, torna irrelevante eventual boa ou má-fé para fins de acertamento da natureza, conteúdo e extensão dos deveres de restauração do *status quo* ante ecológico e de indenização" (passagem do REsp 769.753, de 08.09.2009).

Como exemplo de aplicação específica deste Princípio, pode-se citar a reposição florestal (artigo 33 do novo Código Florestal) que deve ser feita nos relevantes desmatamentos, bem como a indenização prevista no artigo 36, § 1.º, da Lei 9.985/2005, que prevê que o empreendedor que causar significativo impacto ambiental licenciado em unidade de conservação deverá aplicar da unidade o equivalente a, pelo menos, 0,5% dos custos totais do empreendimento.[5]

Também decorre do Princípio do Poluidor-pagador a obrigação dos fabricantes e importadores de pilhas e baterias que contenham Chumbo, Cádmio e Mercúrio, e de pneumáticos, de lhes dar destinação ambientalmente correta (Resoluções CONAMA 401/2008 e 416/2009), bem como a obrigação das empresas produtoras e comercializadoras de agrotóxicos, seus componentes e afins, pela destinação das embalagens vazias dos produtos por elas fabricados e comercializados, após a devolução pelos usuários (artigo 6.º, § 5.º, da Lei 7.802/1989).

Observe-se que a jurisprudência do STJ considera válida cláusula contratual ambiental que prevê a obrigação do revendedor de devolver ao fabricante as baterias usadas (sistema de logística reversa), inclusive validando rescisão contratual por descumprimento, consoante noticiado no sítio do observatório eco, em 03.08.2011:

> "STJ confirma quebra de contrato comercial por motivo ambiental:
> A Terceira Turma do STJ (Superior Tribunal de Justiça) manteve decisão do Tribunal de Justiça de Tocantins permitindo uma empresa rescindir um contrato de distribuição comercial por motivo de descumprimento de cláusula de responsabilidade ambiental. A empresa distribuidora do produto

---

5. Vide capítulo 9, item 4, que especifica a decisão do STF sobre o percentual da compensação ambiental.

não respeitou as regras de logística reversa da mercadoria, deixando de devolver o produto para a fabricante, o que motivou a rescisão contratual.

A autora da ação é fabricante de baterias para automóveis e submete-se ao cumprimento das determinações legais no tocante à correta destinação das 'sucatas' das baterias produzidas, em especial, conforme previsto na Resolução do Conama 257, que regula o procedimento de reutilização de pilhas e baterias que contenham chumbo, cádmio, mercúrio em seus compostos, com vistas a prevenir a contaminação do meio ambiente.

Segundo a fabricante, a empresa distribuidora deixou de cumprir cláusula do contrato que previa a 'obrigação de devolver as baterias esgotadas', na qualidade de revendedora do produto. De acordo com o contrato, todos os distribuidores estão obrigados a devolverem as baterias utilizadas, no sentido de viabilizar a correta destinação ambiental.

A ação de rescisão contratual foi julgada procedente em primeiro grau e confirmada pelo TJ-TO (Tribunal de Justiça de Tocantins). Inconformada, a revendedora das baterias entrou com recurso perante o STJ (Superior Tribunal de Justiça). Em sua defesa, ela alegou que foi surpreendida com a rescisão unilateral do contrato, o que lhe causou enorme prejuízo.

O ministro relator, da Terceira Turma do STJ, Massami Uyeda, ao analisar os autos constatou que segundo o Tribunal de origem, ficou demonstrado que a revendedora não apresentou provas sobre a 'correta destinação ambiental das baterias usadas, conforme exigido pela legislação ambiental'. Além disso, de acordo com o processo foi demonstrado que a distribuidora 'passou a vender as sucatas (baterias usadas) para outro fabricante', inclusive concorrente da demandada. A votação foi unânime, participaram do julgamento os ministros Sidnei Beneti, Paulo de Tarso Sanseverino, Ricardo Villas Bôas Cueva e Nancy Andrighi".

Também decorre do Princípio do Poluidor-pagador a disposição constante do artigo 33, § 6.º, da Lei 12.305/2010, que determina que os fabricantes e os importadores deem destinação ambientalmente adequada aos produtos e às embalagens reunidos ou devolvidos, sendo o rejeito encaminhado para a disposição final ambientalmente adequada.

Embora o maior campo de atuação do Princípio do Poluidor-pagador seja a esfera civil, é fácil identificar a sua concretização no âmbito das responsabilidades administrativa e criminal.

Nesse sentido, dentre as penas a serem impostas às pessoas jurídicas pelo cometimento de delito ambiental, encontra-se a execução de obras de recuperação de áreas degradadas, espécie de prestação de serviços à comunidade, a teor do artigo 23, II, da Lei 9.605/1998.

1.5.2. PROTETOR-RECEBEDOR

Outro importante princípio ambiental é o do **Protetor-Receptor ou Recebedor**, que seria a outra face da moeda do Princípio do Poluidor-pagador, ao defender que as pessoas físicas ou jurídicas responsáveis pela preservação ambiental devem ser agraciadas como benefícios de alguma natureza, pois estão colaborando com toda a coletividade para a consecução do direito fundamental ao meio ambiente ecologicamente equilibrado.

Assim, haveria uma *espécie de compensação pela prestação dos serviços ambientais* em favor daqueles que atuam em defesa do meio ambiente, como verdadeira maneira de se promover a justiça ambiental, a exemplo da criação de uma compensação financeira em favor do proprietário rural que mantém a reserva florestal legal em sua propriedade acima do limite mínimo fixado no artigo 12 do novo Código Florestal.

Além de benefícios financeiros diretos a serem pagos pelo Poder Público, também é possível a concessão de créditos subsidiados, redução de base de cálculos e alíquotas de tributos, ou mesmo a instituição de isenções por normas específicas.

No Brasil, ainda são tímidas as medidas nesse sentido, mas é possível identificar a sua presença quando o artigo 10, § 1.º, II, da Lei 9.393/1996, excluiu da área tributável do Imposto Territorial Rural alguns espaços ambientais especialmente protegidos.

Por meio da edição do Decreto 45.113/2009, o Estado de Minas Gerais criou o Programa Bolsa-Verde, em que o Poder Público estadual paga um incentivo financeiro aos proprietários que prestam serviços ambientais, consistente em uma bolsa que variará entre R$ 110,00 e R$ 300,00 por hectare preservado de reserva legal ou área de preservação permanente, sendo um emblemático caso de incidência do Princípio do Protetor-Recebedor.

Outro excelente exemplo de aplicabilidade do Princípio do Protetor-recebedor vem do Estado do Amazonas, com a criação do Programa Bolsa Floresta, pela Lei Estadual 3.135/2007, que instituiu a Política Estadual sobre Mudanças dos Climas.

Conforme noticiado pelo sítio da associação O Direito por um Planeta Verde, "é o primeiro programa brasileiro de remuneração pela prestação de serviços ambientais feito diretamente para as comunidades que residem nas florestas. O objetivo é prover uma alternativa econômica ao desmatamento, de modo a reduzir as emissões de gases de efeito estufa. O Bolsa Floresta transfere recursos diretamente para famílias residentes em algumas UC estaduais no Amazonas, faz pagamentos para associações comunitárias presentes nessas unidades e promove capacitação para atividades econômicas sustentáveis, como o extrativismo vegetal manejado e o artesanato. Em troca, essas famílias firmam o compromisso de não desmatar além da área que já desmataram, ressalvadas algumas exceções, o que é acompanhado por monitoramento via satélite".[6]

---

6. Disponível em: <http://www.planetaverde.org/index.php?pag=2&sub=1&cod=190>.

Vale ressaltar que **o Princípio do Protetor-recebedor passou a ter previsão expressa no ordenamento jurídico brasileiro, no artigo 6.º, II, da Lei 12.305/2010**, que instituiu a Política Nacional de Resíduos Sólidos.

Outro importante exemplo de concretização do Princípio do Protetor-recebedor ocorreu com o advento da Lei 12.512, de 14 de outubro de 2011, que instituiu o **Programa de Apoio à Conservação Ambiental** e o Programa de Fomento às Atividades Produtivas Rurais.

De acordo com o Programa de Apoio à Conservação Ambiental, a União foi autorizada a transferir recursos financeiros e a disponibilizar serviços de assistência técnica a famílias em situação de extrema pobreza que desenvolvam atividades de conservação de recursos naturais no meio rural.

Poderão ser beneficiárias do Programa de Apoio à Conservação Ambiental as famílias em situação de extrema pobreza que desenvolvam atividades de conservação nas seguintes áreas (art. 3.º):

I – Florestas Nacionais, Reservas Extrativistas e Reservas de Desenvolvimento Sustentável federais;

II – projetos de assentamento florestal, projetos de desenvolvimento sustentável ou projetos de assentamento agroextrativista instituídos pelo Instituto Nacional de Colonização e Reforma Agrária – INCRA;

III – territórios ocupados por ribeirinhos, extrativistas, populações indígenas, quilombolas e outras comunidades tradicionais; e

IV – outras áreas rurais definidas como prioritárias por ato do Poder Executivo.

Assim, nota-se que finalmente a União adotou uma medida específica para premiar a todas aquelas pessoas que protegem o meio ambiente, prestando serviços ambientais à coletividade, especificamente aqueles que estão em situação de pobreza, promovendo a justiça ambiental.

Em concretização ao Princípio do Protetor-recebedor, o artigo 41 do novo Código Florestal brasileiro (Lei 12.651/2012) previu o **programa de apoio e incentivo à preservação e recuperação do meio ambiente**, com a possibilidade de pagamento ou incentivo a serviços ambientais como retribuição, monetária ou não, às atividades de conservação e melhoria dos ecossistemas e que gerem serviços ambientais, tais como, isolada ou cumulativamente:

"a) o sequestro, a conservação, a manutenção e o aumento do estoque e a diminuição do fluxo de carbono;

b) a conservação da beleza cênica natural;

c) a conservação da biodiversidade;

d) a conservação das águas e dos serviços hídricos;
e) a regulação do clima;
f) a valorização cultural e do conhecimento tradicional ecossistêmico;
g) a conservação e o melhoramento do solo;
h) a manutenção de Áreas de Preservação Permanente, de Reserva Legal e de uso restrito."

Ademais, é princípio do Código Florestal a criação e a mobilização de incentivos jurídicos e econômicos para fomentar a preservação e a recuperação da vegetação nativa, e para promover o desenvolvimento de atividades produtivas sustentáveis.

1.6. ORDEM ECONÔMICA AMBIENTAL, A ECONOMIA VERDE E O PAGAMENTO POR SERVIÇOS AMBIENTAIS

O Estado de Direito Ambiental brasileiro é capitalista, ou seja, tem como fundamento da sua Ordem Econômica, ao lado da valorização do trabalho humano, a livra iniciativa a qualquer atividade econômica, independentemente de autorização de órgãos públicos, *salvo nos casos previstos em lei*.[7]

Dessa forma, em regra, o Estado apenas atuará como agente normativo e regulador da atividade econômica (funções de fiscalização, incentivo e planejamento), que é livre à iniciativa privada, especialmente através da atuação das Agências Reguladoras.

Contudo, excepcionalmente, nas hipóteses de relevante interesse coletivo ou para satisfazer os imperativos da segurança nacional, o Estado explorará diretamente atividade econômica, quer em regime de concorrência, quer por meio de monopólio, nos casos previstos na Constituição de 1988, especialmente pelas empresas estatais.

A exploração de atividades aptas a causar degradação ambiental é uma das hipóteses excepcionais que exigirão prévia autorização do Poder Público para se realizar, justamente porque é seu dever constitucional controlar a poluição, especialmente por meio do anterior licenciamento ambiental, consoante previsto no artigo 10 da Lei 6.938/1981.

Logo, apenas poderá ser exercido o trabalho que possa trazer degradação ambiental após o regular licenciamento ambiental, podendo ser vedado na hipótese de atividades lesivas ao ambiente não permitidas pelo Poder Público.

---

7. Vide artigo 170 da CRFB.

IMPORTANTE

Com propriedade, um dos princípios da Ordem Econômica é a **defesa do meio ambiente, inclusive mediante tratamento diferenciado conforme o impacto ambiental dos produtos e serviços e de seus processos de elaboração e prestação**, razão pela qual não é exagerado nomeá-la de "**Ordem Econômica Ambiental**".

Este princípio justifica o tratamento privilegiado em favor de agentes econômicos que atuem com tecnologias e métodos menos agressivos ao meio ambiente, a fim de regular a economia por meio do fomento de atividades com menor impacto ambiental, desestimulando as ações predatórias, relembrando que "os incentivos à produção e instalação de equipamentos e a criação ou absorção de tecnologia, voltados para a melhoria da qualidade ambiental", é mais um instrumento para a consecução dos objetivos da Política Nacional do Meio Ambiente.[8]

Logo, para que determinada empresa produtora de papel utente de tecnologia "limpa" (que exija mais investimentos, mas bem menos poluente) continue a adotar essa técnica, é preciso uma intervenção estatal para compensar os custos operacionais, pois a inércia governamental certamente levará ao fechamento da indústria, que sucumbirá pela impossibilidade de manter preços competitivos no regime da livre concorrência.

Assim sendo, a **tributação ambiental** figurará como uma das medidas que deverão ser manejadas pelo Poder Público para conferir tratamento com justificáveis privilégios, proporcionais aos impactos ambientais causados, ao lado de outras, a exemplo dos empréstimos subsidiados e das subvenções.

Nesse caminho, poderá a União instituir uma contribuição de intervenção no domínio econômico[9] visando à defesa do meio ambiente, quando determinado segmento econômico demandar uma regulação estatal específica.

Outra medida é a **licitação sustentável**, em que a Administração Pública poderá exigir que as empresas licitantes adotem práticas favoráveis à proteção ambiental como condição de contratação com o Poder Público.

Ademais, a própria Lei 6.938/1981 já previu uma listagem meramente exemplificativa (artigo 9.º, XIII) de **instrumentos econômicos** para a efetivação da Política Nacional do Meio Ambiente, especificamente a concessão florestal, a servidão ambiental e o seguro ambiental, institutos já estudados nesta obra.

Com efeito, é deveras importante que o Estado adote cada vez mais instrumentos que interfiram nas relações econômicas com o objetivo de efetivar o desenvolvimento sustentável, a fim de fomentar condutas benéficas ao meio ambiente e inibir ou proibir outras indesejáveis.

---

8. Artigo 9.º, V, da Lei 6.938/1981.
9. Vide artigo 149 da CRFB.

Atualmente, **é inegável a natureza econômica de muitas normas ambientais**, que necessariamente refletem uma intervenção estatal na economia, chegando-se a afirmar a existência de um **Direito Ambiental Econômico**.

O *Direito Econômico* é a disciplina jurídica que regula a política econômica das nações, especialmente o modo de intervenção estatal na economia, ao passo que o *Direito Ambiental* rege as atividades humanas aptas a gerar a degradação ambiental, com o objetivo de controlar a poluição para mantê-la dentro dos padrões de tolerância da legislação, a fim de realizar a sustentabilidade, **ambos os ramos buscando o bem-estar das pessoas**.

Sucede que a produção econômica gera necessariamente a degradação do meio ambiente, pois os recursos da natureza são necessariamente captados e utilizados na atividade produtiva, assim como os resíduos sólidos e líquidos são descartados posteriormente no meio ambiente.

Um instrumento de implantação que aos poucos vem sendo utilizado mundialmente para se atingir o ideal da sustentabilidade é o **pagamento pelos serviços ambientais**, pois imprescindíveis à manutenção da vida na Terra, sendo um dos principais exemplos o mercado de créditos de carbono instituído pelo Protocolo de Kyoto, estudado no Capítulo sobre Direito Internacional Ambiental, sendo consectário do **Princípio do Protetor-recebedor**.

De acordo com o Vocabulário Básico de Recursos Naturais e do Meio Ambiente do IBGE, entende-se por serviços ambientais: "conceito associado a tentativa de valoração dos benefícios ambientais que a manutenção de áreas naturais pouco alteradas pela ação humana traz para o conjunto da sociedade. Entre os serviços ambientais mais importantes estão a produção de água de boa qualidade, a depuração e a descontaminação natural de águas servidas (esgotos) no ambiente, a produção de oxigênio e a absorção de gases tóxicos pela vegetação, a manutenção de estoques de predadores de pragas agrícolas, de polinizadores, de exemplares silvestres de organismos utilizados pelo homem (fonte de gens usados em programas de melhoramento genético), a proteção do solo contra a erosão, a manutenção dos ciclos biogeoquímicos etc. Os serviços ambientais são imprescindíveis à manutenção da vida na Terra".

É cada vez mais difundida a denominada economia verde, assim considerada a que adota métodos produtivos menos impactantes ao ambiente com o propósito de realizar um verdadeiro desenvolvimento sustentável.

O PNUMA – Programa das Nações Unidas para o Meio Ambiente define **economia verde** como uma economia que resulta em melhoria do bem-estar da humanidade e igualdade social, ao mesmo tempo em que reduz significativamente riscos ambientais e escassez ecológica.

Em outras palavras, uma economia verde pode ser considerada como tendo baixa emissão de carbono, é eficiente em seu uso de recursos e socialmente inclusiva. Em uma economia verde, o crescimento de renda e de emprego deve ser impulsionado por investimentos públicos e privados que reduzem as emissões de carbono e poluição e aumentam a eficiência energética e o uso de recursos, e previnem perdas de biodiversidade e serviços ecossistêmicos. Esses investimentos precisam ser gerados e apoiados por gastos públicos específicos, reformas políticas e mudanças na regulamentação. O caminho do desenvolvimento deve manter, aprimorar e, quando possível, reconstruir capital natural como um bem econômico crítico e como uma fonte de benefícios públicos, principalmente para a população carente cujo sustento e segurança dependem da natureza[10].

Ainda de acordo com o PNUMA, o conceito de uma "economia verde" não substitui desenvolvimento sustentável, mas hoje em dia existe um crescente reconhecimento de que a realização da sustentabilidade se baseia quase que inteiramente na obtenção do modelo certo de economia. Décadas de criação de uma nova riqueza através de um modelo de "economia marrom" não lidaram de modo substancial com a marginalização social e o esgotamento de recursos, e ainda estamos longe de atingir os Objetivos de Desenvolvimento do Milênio. A sustentabilidade continua sendo um objetivo vital a longo prazo, mas é preciso tornar a economia mais verde para chegarmos lá.

Para se fazer a transição para uma economia verde são necessárias algumas condições facilitadoras específicas. Essas condições facilitadoras consistem de um pano de fundo de regulamentos nacionais, políticas, subsídios e incentivos, mercado internacional e infraestrutura legal e protocolos comerciais e de apoio. No momento, as condições facilitadoras incentivam e têm um peso grande na predominante economia marrom que, entre outras coisas, depende excessivamente da energia proveniente dos combustíveis fósseis[11].

Uma **economia verde** valorizará e investirá no capital natural; será primordial para a diminuição da pobreza; gerará empregos e melhorará a igualdade social; substituirá os combustíveis fósseis por energias renováveis e tecnologias de baixa emissão de carbono; promoverá o uso eficiente de recursos e energia; oferecerá um estilo de vida urbano mais sustentável e uma mobilidade com baixa emissão de carbono e, com o passar do tempo, crescerá mais rapidamente do que a economia marrom, enquanto mantém e restabelece o capital natural.

---

10. PNUMA, 2011, Caminhos para o Desenvolvimento Sustentável e a Erradicação da Pobreza – Síntese para Tomadores de Decisão, www.unep.org/greeneconomy.
11. PNUMA, 2011, Caminhos para o Desenvolvimento Sustentável e a Erradicação da Pobreza – Síntese para Tomadores de Decisão, www.unep.org/greeneconomy.

1.7. AS LICITAÇÕES SUSTENTÁVEIS

A Administração Pública em toda a sua globalidade é a principal consumidora de bens e serviços no Brasil e, como regra, a celebração de contratos administrativos exige a prévia realização do processo administrativo de licitação em que será escolhida a melhor proposta para a contratação com o Poder Público.

Logo, a partir do momento em que a União, os estados, o Distrito Federal, os municípios, suas autarquias, fundações, empresas públicas e sociedades de economia mista exigirem como pressuposto de contratação ou como dever contratual a adoção pela empresa contratada de práticas mais favoráveis à proteção do meio ambiente teremos a efetivação de uma licitação sustentável, que se preocupa com o impacto ambiental das atividades administrativas, inclusive das empresas contratadas pelo Poder Público.

Isso forçará ao setor privado que pretenda contratar com a Administração Pública a adoção de práticas de sustentabilidade na gestão da sua atividade empresarial, sob pena de não conseguir êxito no procedimento licitatório.

Conforme bem pontuado pelo então Ministro do Meio Ambiente na apresentação da Agenda Ambiental da Administração Pública (A3P), Carlos Minc,

> A Administração Pública, como grande consumidora de bens e serviços, como cumpridora responsável das políticas públicas e com o poder de compra que possui por meio das licitações, precisa dar o exemplo das boas práticas nas atividades que lhe cabem. Desta forma, o material que compõe esta cartilha foi especialmente elaborado para os gestores públicos federais, estaduais e municipais com o intuito de auxiliá-los no processo de inserção da responsabilidade socioambiental e da sustentabilidade em tais atividades.
>
> O grande desafio consiste em transpor o discurso meramente teórico e concretizar a boa intenção num compromisso sólido, já que a adoção de princípios sustentáveis na gestão pública exige mudanças de atitudes e de práticas. Para que isso ocorra, se fazem necessárias a cooperação e união de esforços visando minimizar os impactos sociais e ambientais advindos das ações cotidianas atinentes à Administração Pública.
>
> Nesse sentido, o Ministério do Meio Ambiente criou o programa Agenda Ambiental na Administração Pública (A3P), uma ação que busca a construção de uma nova cultura institucional nos órgãos e entidades públicos. A A3P tem como objetivo estimular os gestores públicos a incorporar princípios e critérios de gestão socioambiental em suas atividades rotineiras, levando à economia de recursos naturais e à redução de gastos institucionais por meio do uso racional dos bens públicos, da gestão adequada dos resíduos, da licitação sustentável e da promoção da sensibilização, capacitação e qualidade de vida no ambiente de trabalho.

A sustentabilidade no âmbito governamental tem sido cada vez mais um diferencial da nova gestão pública, onde os administradores passam a ser os principais agentes de mudança. Simples e pequenas ações realizadas diariamente, como por exemplo, o uso eficiente da água e da energia, a coleta seletiva, o consumo responsável de produtos e serviços, entre outros, contribuem para este processo.

Cada um pode fazer a sua parte nas atividades cotidianas, seja no trabalho, em casa, no escritório, na rua, na escola e em outros locais. Portanto, mãos à obra! A A3P começa por você!

De acordo com o Ministério do Planejamento[12],

O grande potencial do poder público como agente de transformação rumo ao consumo mais sustentável está se tornando evidente. Isso porque os governos detêm um grande poder de compra: os gastos públicos podem representar entre 15% e 30% do PIB (Produto Interno Bruto) de um determinado país. Esses gastos podem orientar os mercados a inovarem e se tornarem mais sustentáveis, e com isso proporcionarem o crescimento da economia verde e mais inclusiva.

Ao adotar novos conceitos e critérios nas compras públicas e exercer sua responsabilidade como grande consumidor, principalmente pelo poder de compra e análise dos possíveis impactos relacionados, o poder público pode impulsionar o desenvolvimento nacional sustentável. Pode induzir e ampliar a oferta de produtos mais sustentáveis pelo mercado.

Além de impulsionar o consumo sustentável, os governos podem fomentar a inovação, desempenhando um papel importante no desenvolvimento e disseminação de novas tecnologias.

A empresa é o motor da inovação, mas os governos precisam fornecer sinais claros e estáveis de mercado, operando em parceria para fazer isso acontecer. As tecnologias podem ser caras e os investimentos precisam ser compensados e incentivados. Os governos podem tornar esses investimentos mais viáveis, por meio de instrumentos econômicos e fiscais.

O Poder Público tem papel fundamental tanto de fomento de um mercado inovador e mais sustentável quanto de educação, mobilização e conscientização da sociedade de um modo geral.

Otimizar processos internos e promover um desenvolvimento mais sustentável por meio do poder de compra governamental é uma questão estratégica, que além do potencial de fomentar um mercado inovador e de menor impacto, aborda questões emergentes e urgentes como: a mudança climática; o consumo excessivo que não considera a capacidade de suporte do planeta; a busca por menor desigualdade socioeconômica e a melhoria da qualidade de vida em um mundo cada vez mais urbanizado.

---

12. http://cpsustentaveis.planejamento.gov.br/compras-e-inovacao

O exemplo normativo pioneiro se deu na Lei 11.284/2016, que disciplina o contrato administrativo de licitação na modalidade concorrência para as concessões de florestas públicas, pois adotados critérios ecológicos para o certame.

De acordo com o seu artigo 19, além de outros requisitos previstos na Lei nº 8.666, de 21 de junho de 1993, exige-se para habilitação nas licitações de concessão florestal a comprovação de ausência de: I – débitos inscritos na dívida ativa relativos a infração ambiental nos órgãos competentes integrantes do Sisnama; II – decisões condenatórias, com trânsito em julgado, em ações penais relativas a crime contra o meio ambiente ou a ordem tributária ou a crime previdenciário, observada a reabilitação de que trata o art. 93 do Decreto-Lei nº 2.848, de 7 de dezembro de 1940 – Código Penal.

Já o artigo 26 previu que, no julgamento da licitação, a melhor proposta será considerada em razão da combinação dos seguintes critérios: I – o maior preço ofertado como pagamento ao poder concedente pela outorga da concessão florestal; **II – a melhor técnica, considerando: a) o menor impacto ambiental; b) os maiores benefícios sociais diretos; c) a maior eficiência; d) a maior agregação de valor ao produto ou serviço florestal na região da concessão.**

> **IMPORTANTE**
>
> Nesse sentido, coube à Lei 12.349/2010, que alterou o artigo 3º da Lei 8.666/93, que trata das licitações e contratos administrativos, **inserir o desenvolvimento sustentável como objetivo da licitação:**
>
> "Art. 3º A licitação destina-se a garantir a observância do princípio constitucional da isonomia, a seleção da proposta mais vantajosa para a administração **e a promoção do desenvolvimento nacional sustentável** e será processada e julgada em estrita conformidade com os princípios básicos da legalidade, da impessoalidade, da moralidade, da igualdade, da publicidade, da probidade administrativa, da vinculação ao instrumento convocatório, do julgamento objetivo e dos que lhes são correlatos".
>
> No **Regime Diferenciado de Contratações (RDC)**[13], regido pela Lei 12.462/2011, o desenvolvimento nacional sustentável é princípio a ser observado.

---

13. Art. 1º É instituído o Regime Diferenciado de Contratações Públicas (RDC), aplicável exclusivamente às licitações e contratos necessários à realização:

    I – dos Jogos Olímpicos e Paraolímpicos de 2016, constantes da Carteira de Projetos Olímpicos a ser definida pela Autoridade Pública Olímpica (APO); e

    II – da Copa das Confederações da Federação Internacional de Futebol Associação – Fifa 2013 e da Copa do Mundo Fifa 2014, definidos pelo Grupo Executivo – Gecopa 2014 do Comitê Gestor instituído para definir, aprovar e supervisionar as ações previstas no Plano Estratégico das Ações do Governo Brasileiro para a realização da Copa do Mundo Fifa 2014 – CGCOPA 2014, restringindo-se, no caso

De efeito, trata-se de regulamentação do artigo 170, inciso VI, da Constituição, que prevê a Defesa do Meio Ambiente como princípio da Ordem Econômica, inclusive mediante tratamento diferenciado conforme o impacto ambiental dos produtos e serviços e de seus processos de elaboração e prestação.

Por sua vez, de acordo com o sítio do Ministério do Meio Ambiente[14],

A Constituição Federal, art. 37, inciso XXI, prevê para a Administração Pública a obrigatoriedade de licitar. Esse artigo foi regulamentado pela Lei nº 8.666, de 21 de junho de 1993, que estabeleceu normas gerais sobre licitações e contratos administrativos pertinentes a obras, serviços, inclusive de publicidade, compras, alienações e locações no âmbito dos Poderes da União, dos Estados, do Distrito Federal e dos Municípios.

A licitação é o procedimento administrativo formal em que a Administração Pública convoca, mediante condições estabelecidas em ato próprio (edital ou convite), empresas interessadas na apresentação de propostas para o oferecimento de bens e serviços.

A licitação objetiva garantir a observância do princípio constitucional da isonomia e selecionar a proposta mais vantajosa para a Administração, de maneira a assegurar oportunidade igual a todos os interessados e possibilitar o comparecimento ao certame do maior número possível de concorrentes, fato que favorece o próprio interesse público.

O procedimento de licitação objetiva permitir que a Administração contrate aqueles que reúnam as condições necessárias para o atendimento do interesse público, levando em consideração aspectos relacionados à capacidade técnica e econômico-financeira do licitante, à qualidade do produto e ao valor do objeto.

Há algumas diferentes modalidades de licitação, porém todas se dão com a apresentação das propostas de cada participante, sendo vencedor aquele que, tendo seus produtos as especificações requeridas, apresente o produto ou serviço cujo preço, por fim, seja o menor dentre as propostas.

---

de obras públicas, às constantes da matriz de responsabilidades celebrada entre a União, Estados, Distrito Federal e Municípios;

III – de obras de infraestrutura e de contratação de serviços para os aeroportos das capitais dos Estados da Federação distantes até 350 km (trezentos e cinquenta quilômetros) das cidades sedes dos mundiais referidos nos incisos I e II.

IV – das ações integrantes do Programa de Aceleração do Crescimento (PAC)

V – das obras e serviços de engenharia no âmbito do Sistema Único de Saúde – SUS. (Incluído pela Lei nº 12.745, de 2012) VI – das obras e serviços de engenharia para construção, ampliação e reforma e administração de estabelecimentos penais e de unidades de atendimento socioeducativo;

VII – das ações no âmbito da segurança pública;

VIII – das obras e serviços de engenharia, relacionadas a melhorias na mobilidade urbana ou ampliação de infraestrutura logística; e

IX – dos contratos a que se refere o art. 47-A.

X – das ações em órgãos e entidades dedicados à ciência, à tecnologia e à inovação.

14. http://www.mma.gov.br/responsabilidade-socioambiental/a3p/eixos-tematicos/item/526

O que é Licitação Sustentável?

Segundo o art. 3º da Lei No 8.666/1993 Licitação Sustentável é aquela que destina-se a garantir a observância do princípio constitucional da isonomia, a seleção da proposta mais vantajosa para a administração e a promoção do desenvolvimento nacional sustentável...(Redação dada pela Lei no 12.349, de 2010).

Nesse sentido, pode-se dizer que a licitação sustentável é o procedimento administrativo formal que contribui para a promoção do desenvolvimento nacional sustentável, mediante a inserção de critérios sociais, ambientais e econômicos nas aquisições de bens, contratações de serviços e execução de obras.

De uma maneira geral, trata-se da utilização do poder de compra do setor público para gerar benefícios econômicos e socioambientais.

Por que realizar compras e licitações sustentáveis?

As compras e licitações sustentáveis possuem um papel estratégico para os órgãos públicos e, quando adequadamente realizadas promovem a sustentabilidade nas atividades públicas. Para tanto, é fundamental que os compradores públicos saibam delimitar corretamente as necessidades da sua instituição e conheçam a legislação aplicável e características dos bens e serviços que poderão ser adquiridos.

O governo brasileiro despende anualmente mais de 600 bilhões de reais com a aquisição de bens e contratações de serviços (15% do PIB). Nesse sentido, direcionar-se o poder de compra do setor publico para a aquisição de produtos e serviços com critérios de sustentabilidade implica na geração de benefícios socioambientais e na redução de impactos ambientais, ao mesmo tempo que induz e promove o mercado de bens e serviços sustentáveis.

A decisão de se realizar uma licitação sustentável não implica, necessariamente, em maiores gastos de recursos financeiros. Isso porque nem sempre a proposta vantajosa é a de menor preço e também porque deve-se considerar no processo de aquisição de bens e contratações de serviços dentre outros aspectos os seguintes:

a) Custos ao longo de todo o ciclo de vida: É essencial ter em conta os custos de um produto ou serviço ao longo de toda a sua vida útil – preço de compra, custos de utilização e manutenção, custos de eliminação.

b) Eficiência: as compras e licitações sustentáveis permitem satisfazer as necessidades da administração pública mediante a utilização mais eficiente dos recursos e com menor impacto socioambiental.

c) Compras compartilhadas: por meio da criação de centrais de compras é possível utilizar produtos inovadores e ambientalmente adequados sem aumentar os gastos públicos.

d) Redução de impactos ambientais e problemas de saúde: grande parte dos problemas ambientais e de saúde a nível local é influenciada pela qualidade dos produtos consumidos e dos serviços que são prestados.

PARTE 1 • TEMAS GERAIS DE SUSTENTABILIDADE   49

e) Desenvolvimento e Inovação: o consumo de produtos mais sustentáveis pelo poder público pode estimular os mercados e fornecedores a desenvolverem abordagens inovadoras e a aumentarem a competitividade da indústria nacional e local.

Assim, ao considerar as melhores práticas ambientais na aquisição de bens e contratação de serviços na licitação, o legislador regulamentou a regra constitucional que determina um tratamento mais favorável aos agentes da economia que atuam com uma maior responsabilidade ambiental, que devem ter critérios mais favoráveis nos certames públicos.

> **IMPORTANTE**
>
> De efeito, nas licitações regidas pela Lei 8.666/93, na licitação, em igualdade de condições, **como critério de desempate**, será assegurada preferência, sucessivamente, aos bens e serviços: produzidos no País; produzidos ou prestados por empresas brasileiras; produzidos ou prestados por empresas que invistam em pesquisa e no desenvolvimento de tecnologia no País; produzidos ou prestados por empresas que comprovem cumprimento de reserva de cargos prevista em lei para pessoa com deficiência ou para reabilitado da Previdência Social e que atendam às regras de acessibilidade previstas na legislação.
>
> No Regime Diferenciado de Contratação (RDC) esses critérios serão utilizados após outros dois (art. 25, da Lei 12.462/2011).

QUESTÃO DE CONCURSO
FCC 2015 – ANALISTA DO TRT 23ª REGIÃO (MT)
De acordo com a ordem estabelecida pelo § 2º do art. 3º da Lei no 8.666/1993, em igualdade de condições, como critério de desempate, é assegurada preferência aos bens e serviços produzidos.
(A) por empresas estrangeiras que invistam em pesquisa e no desenvolvimento de tecnologia do País.
(B) ou prestados por empresas que comprovem o cumprimento de reserva de cargos legal para pessoa com deficiência.
(C) ou prestados por empresas que possuam, no mínimo, 30% do capital estrangeiro.
(D) ou prestados por empresas brasileiras que invistam em pesquisa e no desenvolvimento de tecnologia no País ou no exterior.
(E) no País, ou seja, dentro do território nacional brasileiro.
LETRA E

Outrossim, nos processos de licitação, poderá ser estabelecida **margem de preferência** para produtos manufaturados e para serviços nacionais que atendam a normas técnicas brasileiras e bens e serviços produzidos ou prestados por empresas que comprovem cumprimento de reserva de cargos prevista em lei para pessoa com deficiência ou para reabilitado da Previdência Social e que atendam às regras de acessibilidade previstas na legislação.

Ademais, o artigo 10 da Lei 12.462/2011 (RDC) prevê que, na contratação das obras e serviços, inclusive de **engenharia**, poderá ser estabelecida **remuneração variável** vinculada ao desempenho da contratada, com base em metas, padrões de qualidade, **critérios de sustentabilidade** ambiental e prazo de entrega definidos no instrumento convocatório e no contrato.

Por sua vez, as contratações realizadas com base no RDC devem respeitar, especialmente, as normas relativas à:

I – disposição final ambientalmente adequada dos resíduos sólidos gerados pelas obras contratadas;

II – mitigação por condicionantes e compensação ambiental, que serão definidas no procedimento de licenciamento ambiental;

III – utilização de produtos, equipamentos e serviços que, comprovadamente, reduzam o consumo de energia e recursos naturais;

IV – avaliação de impactos de vizinhança, na forma da legislação urbanística;

V – proteção do patrimônio cultural, histórico, arqueológico e imaterial, inclusive por meio da avaliação do impacto direto ou indireto causado pelas obras contratadas; e

VI – acessibilidade para o uso por pessoas com deficiência ou com mobilidade reduzida.

Em regulamentação à cláusula geral de promoção do desenvolvimento sustentável inserida no artigo 3º da Lei de Licitações e Contratos Administrativos, a Presidência da República editou o **Decreto 7.746/2012**, que aprovou critérios, práticas e diretrizes para a promoção do desenvolvimento nacional sustentável nas contratações realizadas pela administração pública federal e institui a Comissão Interministerial de Sustentabilidade na Administração Pública – CISAP.

> **IMPORTANTE**
>
> De efeito, a administração pública federal direta, autárquica e fundacional e as empresas estatais dependentes **poderão** adquirir bens e contratar serviços e obras considerando **critérios e práticas de sustentabilidade objetivamente definidos no instrumento convocatório**, sendo que a adoção de critérios e práticas de sustentabilidade deverá ser justificada nos autos e **preservar o caráter competitivo do certame**. Ademais, o instrumento convocatório poderá prever que o contratado adote práticas de sustentabilidade na execução dos serviços contratados e critérios de sustentabilidade no fornecimento dos bens.

QUESTÃO DE CONCURSO
CESPE 2015 – ANALISTA DO STJ
Com referência à adoção de critérios de sustentabilidade nas licitações e contratações sustentáveis no âmbito da administração pública, julgue os itens a seguir. Em comparação aos certames que se valem fundamentalmente do critério de menor preço, as licitações que adotam critérios e práticas de sustentabilidade, como, por exemplo, a aquisição de produtos e serviços com maior vida útil e menor custo de manutenção, podem dispensar o caráter competitivo do certame.
ERRADA

Deveria o Regulamento ter utilizado a expressão "deverá" ao invés de "poderá", pois o artigo 3º da Lei 8.666/93 é impositivo, e não discricionário.

Para assegurar o julgamento objetivo das propostas, caberá ao edital de licitação prever objetivamente quais os critérios e práticas de sustentabilidade exigidos, **devendo ser veiculados como especificação técnica do objeto ou como obrigação da contratada**, a fim de garantir a justa competição no procedimento licitatório.

IMPORTANTE

A administração pública federal direta, autárquica e fundacional e as empresas estatais dependentes **poderão exigir no instrumento convocatório para a aquisição de bens que estes sejam constituídos por material reciclado, atóxico ou biodegradável, entre outros critérios de sustentabilidade.**

QUESTÃO DE CONCURSO
CESPE 2015 – ANALISTA DO STJ
A administração pública poderá exigir, no instrumento convocatório para a aquisição de bens, que estes sejam constituídos por material reciclado, atóxico ou biodegradável, entre outros critérios de sustentabilidade.
CERTA

IMPORTANTE

Ademais, as especificações e demais exigências do projeto básico ou executivo para contratação de obras e serviços de engenharia devem ser elaboradas de modo a proporcionar a economia da manutenção e operacionalização da edificação e a redução do consumo de energia e água, por meio de tecnologias, práticas e materiais que reduzam o impacto ambiental.

Por sua vez, restou instituído um rol exemplificativo de **diretrizes de sustentabilidade**:

DIRETRIZES DE SUSTENTABILIDADE
- menor impacto sobre recursos naturais como flora, fauna, ar, solo e água;
- preferência para materiais, tecnologias e matérias-primas de origem local;
- maior eficiência na utilização de recursos naturais como água e energia;
- maior geração de empregos, preferencialmente com mão de obra local;
- maior vida útil e menor custo de manutenção do bem e da obra;
- uso de inovações que reduzam a pressão sobre recursos naturais;
- origem ambientalmente regular dos recursos naturais utilizados nos bens, serviços e obras.

IMPORTANTE

De sua vez, a comprovação das exigências contidas no instrumento convocatório poderá ser feita mediante **certificação** emitida por instituição pública oficial ou instituição credenciada, ou por qualquer outro meio definido no instrumento convocatório.

São exemplos de certificação ambiental as séries da ISO 9.000 e 14.000, sobre qualidade e proteção ambiental, tema que será estudado no item 1.9 desta Parte 1.

Em caso de inexistência da certificação verde, o instrumento convocatório estabelecerá que, após a seleção da proposta e antes da adjudicação do objeto, o contratante poderá realizar diligências para verificar a adequação do bem ou serviço às exigências do instrumento convocatório.

Caso o bem ou serviço seja considerado inadequado em relação às exigências do instrumento convocatório, o contratante deverá apresentar razões técnicas, assegurado o direito de manifestação do licitante vencedor.

IMPORTANTE

Vale registrar que o Decreto 7.746/2012 impôs à Administração Pública federal direta, autárquica e fundacional e as empresas estatais dependentes a elaboração e implementação de **Planos de Gestão de Logística Sustentável**, prevendo, no mínimo, a atualização do inventário de bens e materiais do órgão e identificação de similares de menor impacto ambiental para substituição; as práticas de sustentabilidade e de racionalização do uso de materiais e serviços; as responsabilidades, metodologia de implementação e avaliação do plano e as ações de divulgação, conscientização e capacitação.

Além de tudo isto, o Decreto 7.746/2012 constituiu a **Comissão Interministerial de Sustentabilidade na Administração Pública – CISAP**, de natureza consultiva e caráter permanente, vinculada à Secretaria de Logística e Tecnologia da Informação, com a finalidade de propor a implementação de critérios, práticas e ações de logística sustentável no âmbito da administração pública federal direta, autárquica e fundacional e das empresas estatais dependentes.

A CISAP será composta por: I – dois representantes do Ministério do Planejamento, Orçamento e Gestão, sendo: a) um representante da Secretaria de Logística e Tecnologia da Informação, que a presidirá; e b) um representante da Secretaria de Orçamento Federal; II – um representante do Ministério do Meio Ambiente, que exercerá a vice-presidência; III – um representante da Casa Civil da Presidência da República; IV – um representante do Ministério de Minas e Energia; V – um representante do Ministério do Desenvolvimento, Indústria e Comércio Exterior; VI – um representante do Ministério da Ciência, Tecnologia e Inovação; VII – um representante do Ministério da Fazenda; e VIII – um representante da Controladoria-Geral da União. Poderão ser convidados a participar das reuniões da CISAP especialistas, pesquisadores e representantes de órgãos e entidades públicas ou privadas.

QUESTÃO DE CONCURSO
FCC 2015 – ANALISTA DO TRT 23ª REGIÃO (MT)
De acordo com o Decreto no 7.746/2012, a Comissão Interministerial de Sustentabilidade na Administração Pública – CISAP é composta por
(A) um representante do Ministério do Trabalho e Emprego, que exercerá a Vice-Presidência.
(B) dois representantes do Ministério da Ciência, Tecnologia e Inovação.
(C) dois representantes do Ministério do Planejamento, Orçamento e Gestão.
(D) um representante do Ministério do Meio Ambiente, que exercerá a Presidência.
(E) dois representantes da Casa Civil da Presidência da República.
LETRA C

QUESTÃO DE CONCURSO
CONSULPLAN 2016 – TÉCNICO DO TRF DA 2ª REGIÃO
Nos termos do Decreto Federal nº 7.746/2012, são membros da Comissão Interministerial de Sustentabilidade na Administração Pública (CISAP), EXCETO um representante da: A) Controladoria-Geral da União.   B) Advocacia-Geral da União.   C) Casa Civil da Presidência da República.   D) Secretaria de Logística e Tecnologia da Informação.
LETRA B

Compete à CISAP propor à Secretaria de Logística e Tecnologia da Informação normas para elaboração de ações de logística sustentável; as regras para a elaboração dos Planos de Gestão de Logística Sustentável; os planos de incentivos para órgãos e entidades que se destacarem na execução de seus Planos de Gestão de Logística Sustentável; os critérios e práticas de sustentabilidade nas aquisições, contratações, utilização dos recursos públicos, desfazimento e descarte; as estratégias de sensibilização e capacitação de servidores para a correta utilização dos recursos públicos e para a execução da gestão logística de forma sustentável; o cronograma para a implantação de sistema integrado de informações para acompanhar a execução das ações de sustentabilidade e as ações para a divulgação das práticas de sustentabilidade.

Compete à Secretaria de Logística e Tecnologia da Informação, como órgão central do Sistema de Serviços Gerais – SISG, **expedir normas complementares sobre critérios e práticas de sustentabilidade**, a partir das proposições da CISAP.

Como exemplo, as licitações e contratações administrativas perpetradas pelo **STF** deverão observar critérios de sustentabilidade na aquisição de bens, tais como a rastreabilidade e origem dos insumos de madeira, como itens de papelaria e mobiliário, a partir de fontes de manejo sustentável; a eficiência energética e nível de emissão de poluentes de máquinas e aparelhos consumidores de energia, veículos e prédios públicos; a eficácia e segurança dos produtos usados na limpeza e conservação de ambientes; as práticas de sustentabilidade na execução dos serviços; os critérios e práticas de sustentabilidade no projeto e execução de obras e serviços de engenharia e o emprego da logística reversa na destinação final de suprimentos de impressão, pilhas e baterias, pneus, lâmpadas, óleos lubrificantes, seus resíduos e embalagens, bem como produtos eletroeletrônicos e seus componentes, de acordo com a Política Nacional de Resíduos Sólidos, nos termos da Resolução STF 561/2015, que será estudada na Parte 2 desta obra.

As especificações para aquisição de bens, contratação de serviços e obras no **STJ** deverão conter critérios de sustentabilidade ambiental, considerando os processos de extração ou fabricação, transporte, utilização e descarte dos produtos e matérias-primas, sendo que, nas **licitações sustentáveis**, deverão ser estabelecidos **critérios de preferência** para as propostas que impliquem maior economia de energia, de água e de outros recursos naturais e a redução da emissão de gases de efeito estufa, nos moldes da Portaria 293/2012, que será estudada na Parte 2 desta obra, possuindo a Corte Superior um Guia de Licitações Sustentáveis, o que também ocorre com a **Justiça do Trabalho**.

Outros exemplos de compras sustentáveis podem ser extraídos da página do Ministério do Meio Ambiente[15]:

---

15. http://www.mma.gov.br/responsabilidade-socioambiental/a3p/eixos-tematicos/item/9031

Compras Sustentáveis na prática

Neste tópico são apresentadas as experiências implementadas no âmbito do Ministério do Meio Ambiente e pelos parceiros da A3P para aquisição de bens e contratação de serviços com critérios de sustentabilidade.

Banco da Amazônia

Aquisição de equipamentos de autoatendimento com a adoção do sistema de "*trade in*", onde as empresas desenvolvedoras dos equipamentos ficam com a responsabilidade do descarte do equipamento substituído, de forma segura e sustentável.

Câmara dos Deputados

A Câmara dos Deputados instituiu em 2011, o Ato da Mesa nº 4, o qual trata especificamente das Compras Públicas Sustentáveis, impondo aos gestores a observância dos critérios de sustentabilidade quando da elaboração dos seus editais. Assim, cumpre mencionar os seguintes certames:

- Na aquisição de lâmpadas, pilhas, pneus, óleos lubrificantes introduzimos as exigências da logística reversa com base na Lei nº 12.305/2010, bem como nas resoluções do Conama para cada produto.
- Na contratação de serviços de restaurante a exigência de um plano de monitoramento dos resíduos;
- Na aquisição de papel, é exigida a comprovação da origem florestal;
- Exigência com selo de economia de energia – PROCEL, para eletrodomésticos – ar condicionado, geladeiras.
- Na aquisição de madeira ou produtos derivados, a Câmara exige que empresa fornecedora atenda aos seguintes critérios:
    I. Possuir credenciamento ou registro junto ao IBAMA;
    II. Comprovar a procedência legal da madeira por meio da emissão de DOF (Documento de Origem Florestal), para o caso de fornecimento de madeiras de espécies nativas.
    III. Comprovar que a madeira não foi colhida em áreas florestais onde ocorra violação dos direitos trabalhistas. Tal comprovação poderá ser feita por meio de declaração da licitante, certificação (a exemplo da Certificação de Origem Florestal – CEFLOR) ou relatório de auditoria independente (emitido pelas entidades credenciadas pelos órgãos governamentais competentes, habilitadas pelo INMETRO) e estará sujeita à verificação de sua validade pela Câmara dos Deputados.
- Aquisição de produtos que promovam a redução de gasto dos recursos hídricos por meio da instalação de sistemas e aquisição de instalações e equipamentos economizadores.
- Aquisição de computadores com critérios ambientais – TI verde.
- Exigências nos editais quanto à redução de embalagens.
- Solicitação das especificações constante das certificações ou qualquer outra prova que comprove os critérios exigidos no edital;

- Os projetos de arquitetura e demais projetos complementares para as obras e serviços da Câmara dos Deputados são elaborados segundo princípios de qualidade e sustentabilidade, como à redução do consumo de energia e água e à utilização de tecnologias e materiais com critérios de sustentabilidade, que minimizam os impactos ambientais.
- Locação de veículos biocombustível.
- Nos contratos de prestação de serviço de limpeza e conservação, a exigência quanto à promoção da coleta seletiva.

Eletrobras/Eletronorte

Em todas as aquisições da empresa, nas plantas certificadas com a ISO 14.001 há o anexo correlato ao aspecto e impacto ambiental do fornecedor, e quando a Requisição de Compra é encaminhada sem este anexo, é imediatamente devolvida a área solicitante, preconizado no "*chek-list da RC*" item da Norma 9001, passível de auditoria interna e externa, tanto da NBR ISO 9001 quanto da NBR ISO 14001.

IFT-GO – Campus Rio Verde

Aquisição de madeira com certificado de regularidade.

IBRAM

Aquisição de sanitários móveis para serem instalados nos parques que são de responsabilidade do Instituto. Esses sanitários possuirão mecanismo de coleta de água da chuva e reuso da água destinada aos banheiros. A água dos banheiros é tratada e pode ser reutilizada na limpeza dos sanitários e para regar plantas, diminuindo o consumo de água. Os demais resíduos são também tratados e podem ser reutilizados. Os sanitários diminuem o consumo de água e a quantidade de resíduos gerados (processo em tramitação).

Outro exemplo pode ser extraído da 3ª edição do Guia Prático de Licitações Sustentáveis da AGU na contratação de obras de engenharia com geração de resíduos, devendo ser inserida na minuta do contrato os seguintes deveres ambientais:

"A Contratada deverá observar as diretrizes, critérios e procedimentos para a gestão dos resíduos da construção civil estabelecidos na Lei nº 12.305, de 2010 – Política Nacional de Resíduos Sólidos, Resolução nº 307, de 05/07/2002, do Conselho Nacional de Meio Ambiente – CONAMA, e Instrução Normativa SLTI/MPOG nº 1, de 19/01/2010, nos seguintes termos:

a) O gerenciamento dos resíduos originários da contratação deverá obedecer às diretrizes técnicas e procedimentos do Plano Municipal de Gestão de Resíduos da Construção Civil, ou do Plano de Gerenciamento de Resíduos da Construção Civil apresentado ao órgão competente, conforme o caso;

b) Nos termos dos artigos 3º e 10º da Resolução CONAMA nº 307, de 05/07/2002, a Contratada deverá providenciar a destinação ambientalmente adequada dos resíduos da construção civil originários da contratação, obedecendo, no que couber, aos seguintes procedimentos:

b.1) resíduos Classe A (reutilizáveis ou recicláveis como agregados): deverão ser reutilizados ou reciclados na forma de agregados ou encaminhados a aterro de resíduos Classe A de reservação de material para usos futuros;

b.2) resíduos Classe B (recicláveis para outras destinações): deverão ser reutilizados, reciclados ou encaminhados a áreas de armazenamento temporário, sendo dispostos de modo a permitir a sua utilização ou reciclagem futura;

b.3) resíduos Classe C (para os quais não foram desenvolvidas tecnologias ou aplicações economicamente viáveis que permitam a sua reciclagem/recuperação): deverão ser armazenados, transportados e destinados em conformidade com as normas técnicas específicas;

b.4) resíduos Classe D (perigosos, contaminados ou prejudiciais à saúde): deverão ser armazenados, transportados e destinados em conformidade com as normas técnicas específicas.

c) Em nenhuma hipótese a Contratada poderá dispor os resíduos originários da contratação aterros de resíduos domiciliares, áreas de "bota fora", encostas, corpos d´água, lotes vagos e áreas protegidas por Lei, bem como em áreas não licenciadas.

d) Para fins de fiscalização do fiel cumprimento do Plano Municipal de Gestão de Resíduos da Construção Civil, ou do Plano de Gerenciamento de Resíduos da Construção Civil, conforme o caso, a contratada comprovará, sob pena de multa, que todos os resíduos removidos estão acompanhados de Controle de Transporte de Resíduos, em conformidade com as normas da Agência Brasileira de Normas Técnicas – ABNT, ABNT NBR nºs 15.112, 15.113, 15.114, 15.115 e 15.116, de 2004."

Nota-se que no âmbito dos Poderes da União já existe uma grande atuação nas licitações e compras sustentáveis, conforme será estudado nos atos constantes da Parte 2 desta obra, mas que no âmbito estadual e municipal são ainda mínimas as práticas sustentáveis na Administração Pública, devendo esses entes federativos se conscientizar da sua responsabilidade socioambiental[16]:

> **Algumas razões para incluir critérios ambientais nas contratações públicas:**
> Em primeiro lugar, desenvolver uma política de contratações públicas que leve em consideração critérios de sustentabilidade, sendo que esta possui grande relevância por se tratar de um instrumento indutor que pode influenciar o mercado e os padrões de consumo. O setor público está entre os grandes consumidores do mercado, gastando cerca de 10 a 15% do PIB.
> A licitação pública não é somente um procedimento administrativo que visa suprir a administração com bens, serviços e obras necessárias ao seu funcionamento. Deve ser orientada para implementar políticas públicas que induzam a um padrão de consumo e produção que atenda ao interesse

---

16. http://cpsustentaveis.planejamento.gov.br/contratacoes-publicassustentaveis

público de uma sociedade mais justa e igualitária, sem comprometer o bem estar das gerações futuras.

As contratações públicas precisam incentivar o mercado nacional a ajustar-se à nova realidade da sustentabilidade que está se tornando o fator diferencial na competição internacional do século XXI.

A segunda razão é que adquirir produtos de menor impacto ambiental representa obter a contratação mais vantajosa, ainda que eventualmente não seja o menor preço disponível no mercado quando comparado com o de produtos convencionais. Embora possam ser considerados similares, carecem de atributos fundamentais para atender ao interesse público da preservação do meio ambiente e do bem estar social. Esses são os objetivos maiores da atuação do Estado, conforme estabelece o art. 225 da Constituição Federal.

Produtos, serviços e obras de menor impacto ambiental, ainda que tenham um maior custo aparente no momento da contratação, são mais econômicos no longo prazo. Isso porque reduzem os gastos do Estado com políticas de reparação de danos ambientais, têm maior durabilidade, menor consumo de energia e materiais, e incentivam o surgimento de novos mercados e empregos verdes, gerando renda e aumento de arrecadação tributária.

A terceira razão é que a exigência de critérios ambientais, sociais e econômicos nas contratações públicas, confere coerência à atuação do comprador público relativamente ao dever do Estado de proteger o meio ambiente e fomentar o desenvolvimento econômico e social, integrando a atuação das áreas meio com as políticas implementadas pelas áreas fim.

O Estado, enquanto grande consumidor de bens, serviços e obras, deve dar o exemplo, sensibilizando os demais consumidores sobre as complicações ambientais e sociais associadas aos diferentes tipos de compras, reafirmando o comprometimento com empresas que possuam ética e boas práticas em relação ao meio ambiente e ao desenvolvimento econômico e social.

As contratações públicas sustentáveis podem abranger, por exemplo, a aquisição de computadores verdes, equipamentos de escritório feitos de madeira certificada, papel reciclável, transporte público movido a energia mais limpa, alimentos orgânicos para as cantinas, eletricidade produzida por fontes de energia renováveis, sistemas de ar condicionado de acordo com as soluções ambientais de ponta, bem como a contratação de edifícios energeticamente eficientes.

A seleção da proposta mais vantajosa ao interesse público deve eleger os bens e serviços cujas características atendam a especificações adequadas, tanto em termos de qualidade e funcionalidade, quanto dos princípios e deveres do Estado definidos na Constituição Federal.

Assim, a Administração tem o dever de selecionar os bens, serviços e obras mais vantajosos, em sentido amplo, não abrangendo somente o preço, mas também a qualidade e a conformidade com o devedor do Estado de proteção ao meio ambiente.

Os primeiros passos importantes, na fase interna são:

1º Identificar os bens, serviços e obras mais adquiridos para analisar a viabilidade de adotar exigências de sustentabilidade nas licitações futuras, optando por produtos equivalentes que causem menor impacto ambiental e que, por exemplo, tenham maior eficiência energética. Também devem ser exigidas práticas sustentáveis nas execuções dos serviços e obras.

2º Verificar a disponibilidade no mercado e demonstrar ao mercado o aumento da demanda por produtos mais sustentáveis. Há grande oferta em relação a muitos produtos. Acesse o Portal de Compra do Governo Federal com Critérios de Sustentabilidade: CATMAT.[17]

3º Incluir gradativamente critérios ambientais, elaborando especificações técnicas claras e precisas dos produtos, bens e construções sustentáveis.

4º Incluir novos critérios nos editais de compras, serviços e obras.

5º Comunicar-se com outros gestores para trocar informações, pedir auxílio e sensibilizá-los.

1.8. A TRIBUTAÇÃO AMBIENTAL

O Estado deve se valer de todos os meios lícitos para implantar um desenvolvimento econômico sustentável. No Brasil e em inúmeras outras nações, cada vez mais o poder de tributar vem sendo utilizado como meio de proteção ao meio ambiente (natural, cultural, artificial ou do trabalho), mediante a instituição dos tributos "verdes", fenômeno que vem sendo intitulado de **tributação ambiental**, que deve ser enquadrado como mais um instrumento econômico para a realização da Política Nacional do Meio Ambiente.[18]

Operar-se-á a tributação ambiental pela criação de tributos que *diretamente* se destinem à preservação ambiental, ou seja, aqueles que imediatamente estimulem condutas favoráveis ao ambiente (redução da base de cálculo ou alíquotas, isenções, créditos tributários etc.) ou inibam outras lesivas (mediante a sobrecarga tributária), por meio da vinculação ambiental dentro da própria estrutura da norma tributária.

Outrossim, essa atuação poderá se dar *indiretamente*, por meio da destinação de recursos tributários em prol do equilíbrio ambiental,[19] como ocorre com contribuição de intervenção no domínio econômico relativa às atividades de importação ou comercialização de petróleo e seus derivados, gás natural e seus derivados e álcool combustível, em que parcela dos recursos

---

17. http://comprasnet.gov.br/acesso.asp?url=/Livre/Catmat/Conitemmat1.asp
18. Artigo 9.º, XIII, da Lei 6.938/1981.
19. Registre-se que parte da doutrina restringe a tributação ambiental somente às exações cuja estrutura tenha ligação direta à preservação ambiental (dentro da formação da norma tributária), a exemplo do posicionamento respeitável de Heleno Taveira Tôrres (2005, p. 129-130), o que exclui do conceito a mera destinação de recursos tributários para causas ambientais.

serão destinados ao financiamento de projetos ambientais relacionados com a indústria do petróleo e do gás.[20]

De acordo com o Programa das Nações Unidas para o Meio Ambiente – PNUMA, a criação de impostos ambientais ajuda na proteção de empregos e na proteção ao meio ambiente[21]:

"Os **impostos ambientais** são concebidos para impor um preço sobre a poluição e o uso dos recursos naturais escassos e para estimular a criação de empregos através da redução do custo do trabalho sob a forma de impostos e contribuições sociais. Um estudo da OIT (Organização Internacional do Trabalho) analisou o impacto de um imposto ambiental sobre o mercado de trabalho. Foi concluído que a imposição de um preço sobre as emissões de carbono e o uso da renda para redução de custos trabalhistas através da redução de contribuições previdenciárias criaria 14,3 milhões de novos postos de trabalho durante um período de cinco anos, o que equivale a um aumento de 0,5% de empregos no mundo. Em 1999, o governo alemão aumentou gradativamente os impostos sobre os motores combustíveis, eletricidade, petróleo e gás em escalas previstas até 2003. A receita foi diretamente usada na redução dos encargos não salariais através da redução das contribuições sociais dos parceiros ao fundo de pensão. Um estudo de impacto feito pelo Instituto Alemão para Investigação Econômica descobriu que se o modesto imposto ambiental não tivesse sido introduzido, a contribuição para o fundo de pensão seria 1,7% mais elevada. Estima-se que o efeito da redução sobre os custos trabalhistas não salariais tenha criado mais 250.000 postos de trabalho de período integral e reduzido as emissões de $CO2$ em 3% em 2010".

Entende-se ser possível a instituição de outros tributos ambientais, em especial dos impostos, observadas as competências constitucionais dos entes políticos, bastando se promover uma interpretação sistemática do Sistema Tributário Nacional com os artigos 225 e 170 da Lei Maior, que autorizam a tributação ecológica por meio do tratamento diferenciado conforme o impacto ambiental da atividade, visando a realização do direito fundamental ao meio ambiente ecologicamente equilibrado para as presentes e futuras gerações.

Desde os primórdios é consabido que a principal função dos tributos é arrecadar recursos para o custeio das despesas estatais, sendo denominada de finalidade *fiscal*, de grande importância ao meio ambiente, pois a maioria dos recursos públicos utilizados em prol da manutenção do seu equilíbrio advém da fiscalidade tributária.

---

20. Artigo 177, § 4.º, da CRFB.
21. PNUMA, 2011, Caminhos para o Desenvolvimento Sustentável e a Erradicação da Pobreza – Síntese para Tomadores de Decisão, www.unep.org/greeneconomy.

Contudo, existem tributos cuja finalidade precípua não é fiscal, e sim *para* ou *extrafiscal*. Na esfera ambiental, um ótimo exemplo de tributo parafiscal é a Taxa de Controle e Fiscalização Ambiental – TCFA, instituída pela União por meio da Lei 10.165/2000, em que a capacidade tributária ativa foi transferida ao IBAMA, sendo os recursos arrecadados pela referida autarquia federal afetados à utilização em atividades de controle e fiscalização ambiental.

Por seu turno, a função *extrafiscal* ou *regulatória* dos tributos se faz presente quando o Poder Público torna a arrecadação um instrumento de fomento ou inibição de condutas das pessoas físicas ou jurídicas para o atendimento de algum interesse público. Várias hipóteses de extrafiscalidade ambiental serão sinteticamente analisadas.

O **Estado do Amazonas**, ao promulgar pioneiramente a Lei 3.135/2007 (Política Estadual de Mudanças Climáticas), no seu artigo 15, adotou hipóteses de extrafiscalidade na incidência do **ICMS** e do **IPVA**, a fim de incentivar atividades que reduzam a poluição.

Deveras, via Decreto, poderá o Governador amazonense diferir, reduzir base de cálculo, isentar, dar crédito outorgado e outros incentivos fiscais relativos ao Imposto sobre Circulação de Mercadorias e Serviços – ICMS, nas seguintes operações: com biodigestores que contribuam para a redução da emissão de gases de efeito estufa; com biodiesel, inclusive insumos industriais e produtos secundários empregados na sua produção; de geração de energia baseada em queima de lixo etc.

Já o Imposto sobre Propriedade de Veículo Automotor – IPVA poderá ter isenção ou redução de base de cálculo nas seguintes hipóteses: que o veículo, mediante a adoção de sistemas ou tecnologias, comprovadamente reduzam, no mínimo, percentual definido em regulamento aplicado sobre suas emissões de gases de efeito estufa; mediante substituição do combustível utilizado por gás ou biodiesel, reduza, no mínimo, percentual definido em regulamento aplicado sobre suas emissões de gases de efeito estufa.

De seu turno, também o **Imposto Territorial Rural – ITR** tem nítida função extrafiscal constitucional, vez que será progressivo e terá suas alíquotas fixadas de forma a desestimular a manutenção de propriedades improdutivas.[22]

A extrafiscalidade ambiental do ITR também é constatada quando o legislador infraconstitucional excluiu da área tributável as de preservação permanente e de reserva legal; de interesse ecológico para a proteção dos ecossistemas, assim declaradas mediante ato do órgão competente; sob regime de servidão florestal ou ambiental e as cobertas por florestas nativas, primárias ou secundárias em estágio médio ou avançado de regeneração.[23]

---

22. Artigo 153, § 4.º, I, da CRFB.
23. Artigo 10, § 1.º, II, da Lei 9.393/1996.

Conquanto tenha predominante função fiscal, o **Imposto sobre a Propriedade Territorial Urbana – IPTU** é também regulatório, pois poderá ter alíquotas progressivas de acordo com a localização e o uso do imóvel,[24] a fim de servir de instrumento de coerção municipal para a realização da função social da propriedade urbana, conforme os ditames do Plano Diretor.

No Município de Salvador, Estado da Bahia, instituiu-se o **IPTU verde**, uma iniciativa da Prefeitura de Salvador para incentivar empreendimentos imobiliários residenciais, comerciais, mistos ou institucionais a realizarem e contemplarem ações e práticas de sustentabilidade em suas construções. Para isso, oferece descontos diretamente no IPTU, de acordo com suas realizações a sua pontuação no Programa de Certificação Sustentável.

Infelizmente, a União ainda não agregou definitivamente ao **Imposto sobre Produtos Industrializados – IPI** regras gerais que fomentem as empresas a buscar meios de produção menos lesivos ao ambiente, com a incidência mais tênue do tributo, mas certamente será uma medida a ser adotada em pouco tempo, com os bons sinais dados recentemente.

Na crise econômica mundial, a desoneração do IPI na linha branca (geladeiras, fogões, máquinas de lavar roupa etc.) foi maior para os eletrodomésticos enquadrados no selo A do INMETRO, ou seja, aqueles que gastam menos energia, fato que demonstra a utilização dessa exação com finalidades protetivas ao meio ambiente, pois incentiva a produção e o consumo de produtos com menor dispêndio energético.

Essa medida transitória deveria ganhar caráter definitivo, não se resolvendo com o fim do abalo econômico, devendo, inclusive, ser expandida para todos os produtos, a exemplo da menor incidência do IPI para carros menos poluentes e a isenção para as bicicletas.

No mais, o adicional de 1%, 2% ou 3% que se destina ao custeio da aposentadoria especial e dos benefícios por incapacidade decorrentes de riscos ambientais do trabalho (**contribuição SAT**), incidente sobre a contribuição previdenciária de 20% devida pelas empresas sobre o total das remunerações devidas, pagas ou creditadas aos empregados e avulsos,[25] também tem nítida função extrafiscal e busca tutelar o **meio ambiente do trabalho**.

Deveras, essas alíquotas poderão ser alteradas com base nas estatísticas de acidentes de trabalho, a fim de estimular investimentos em prevenção de acidentes,[26] podendo ser majoradas em até 100% ou reduzidas em até 50%, conforme o desempenho da empresa em relação à sua atividade de enquadramento, no que concerne ao número de acidentes de trabalho, sua

---

24. Artigo 156, § 1.º, da CRFB.
25. Artigo 22, II, da Lei 8.212/1991.
26. Artigo 22, § 3.º, da Lei 8.212/1991.

gravidade e custo à Previdência Social,[27] o que atende também ao Princípio da Equidade de Participação no Custeio da Seguridade Social.

O novo Código Florestal brasileiro, aprovado pela Lei 12.651/2012, também previu a tributação ambiental como importante instrumento de proteção da vegetação. O seu artigo 41, inciso II, "c" e "f", trouxe os seguintes instrumentos para a compensação das medidas de conservação das florestas:

- Dedução das Áreas de Preservação Permanente, de Reserva Legal e de uso restrito da base de cálculo do Imposto sobre a Propriedade Territorial Rural – ITR, gerando créditos tributários;
- Isenção de impostos para os principais insumos e equipamentos, tais como: fios de arame, postes de madeira tratada, bombas d'água, trado de perfuração de solo, dentre outros utilizados para os processos de recuperação e manutenção das Áreas de Preservação Permanente, de Reserva Legal e de uso restrito.

Demais disso, para financiar as atividades necessárias à regularização ambiental das propriedades rurais, o Programa de Apoio e Incentivo à Conservação do Meio Ambiente poderá prever a **dedução da base de cálculo do Imposto de Renda do proprietário ou possuidor de imóvel rural**, pessoa física ou jurídica, de parte dos gastos efetuados com a recomposição das Áreas de Preservação Permanente, de Reserva Legal e de uso restrito cujo desmatamento seja anterior a 22 de julho de 2008.

Outrossim, o Programa de Apoio e Incentivo à Conservação do Meio Ambiente estabelece **diferenciação tributária para empresas que industrializem ou comercializem produtos originários de propriedades ou posses rurais que cumpram os padrões e limites estabelecidos no Código Florestal**, ou que estejam em processo de cumpri-los.

A extrafiscalidade é um excelente caminho para a efetivação de inúmeros princípios ambientais, notadamente o do Desenvolvimento Sustentável, da Prevenção, da Precaução, do Poluidor-pagador, do Protetor-recebedor e da Função Socioambiental da Propriedade.

Deverá o Poder Público discriminar positivamente os agentes da economia que adotem técnicas compatíveis com o desenvolvimento econômico sustentável, por meio do uso de tecnologias menos agressivas aos recursos naturais, reduzindo proporcionalmente a carga tributária, o que permitirá o equilíbrio concorrencial, pois a empresa terá preços para competir no mercado, apesar do custo financeiro dos investimentos ambientais (*Princípio do Desenvolvimento Sustentável*).

---

27. Vide artigo 202-A do Decreto 3.048/1999.

Da mesma forma, os empreendedores que adotem espontaneamente novas medidas de prevenção (risco certo) ou de precaução (risco incerto) dos danos ambientais, além do mínimo exigido pela legislação, deverão gozar de benefícios fiscais a título de incentivo e compensação (*Princípios da Prevenção e Precaução*).

Por sua vez, a extrafiscalidade dos tributos é uma das formas de fazer com que o poluidor internalize os custos sociais da degradação, pois a tributação deverá ser majorada proporcionalmente ao impacto ambiental causado (*Princípio do Poluidor-pagador*), assim como conceda benesses em favor daqueles que protegem o meio ambiente (*Princípio do Protetor-recebedor*).

Por fim, por intermédio especialmente do IPTU e do ITR, a tributação regulatória cumpre a sua função de velar pela realização da função socioambiental das propriedades urbanas e rurais, a exemplo da imposição de alíquotas progressivas às pessoas que não a cumprem.

Ademais, o Imposto sobre Circulação de Mercadorias e Serviços – ICMS é uma exação fiscal de competência dos estados, que deverão repassar aos respectivos municípios 25% do produto de sua arrecadação, da seguinte maneira: 3/4, no mínimo, na proporção do valor adicionado nas operações relativas à circulação de mercadorias e nas prestações de serviços, realizadas em seus territórios; até 1/4, de acordo com o que dispuser lei estadual.[28]

Logo, dentro das cotas municipais do ICMS, o repasse de até 1/4 do produto da arrecadação será distribuído conforme dispuser a legislação estadual, de acordo com o que foi facultado pela Constituição Federal.

Em 1991, pioneiramente foi promulgada pelo Estado do Paraná a Lei Complementar 59, que dispõe sobre os critérios para a repartição de 5% do produto do ICMS aos municípios (note-se que poderia ter chegado a 1/4 de 25%, o que perfaz 6,25%), aduzindo em seu artigo 1.º:

> "Artigo 1.º São contemplados na presente lei, municípios que abriguem em seu território unidades de conservação ambiental, ou que sejam diretamente influenciados por elas, ou aqueles com mananciais de abastecimento público." (g.n.)

Essa medida vem sendo intitulada de "**ICMS ecológico**", apesar de ser apenas um critério de repasse de parte do produto do imposto, que não considera intrinsecamente questões ambientais na estrutura de sua incidência, tendo contribuído decisivamente para o significativo aumento dos espaços territoriais especialmente protegidos no Paraná, na ordem de 160% entre 1991 e 2005.

---

28. Vide artigo 157, parágrafo único, da CRFB.

Nesse sentido, no repasse de 5% da arrecadação total do ICMS, os municípios com mais unidades de conservação e mananciais de abastecimento público receberão mais recursos, que funcionam como forma de compensação, incentivo ambiental e pagamento pelos serviços ambientais.

Posteriormente, outros estados adotaram modelos bem semelhantes, a exemplo de São Paulo (1993), Minas Gerais (1995), Rondônia (1996) e Rio Grande do Sul (1998), mas cada um possui critérios ambientais próprios para o repasse de parcela do ICMS aos municípios.

1.9. A ROTULAGEM AMBIENTAL (SELO VERDE)

A **rotulagem ambiental** pode ser definida como uma "certificação de que o produto em questão é apropriado ao uso que se propõe e apresenta menor impacto ambiental em relação a outros produtos comparáveis disponíveis no mercado. É conhecida também pelo nome de Selo Verde, sendo utilizada em vários países, inclusive no Brasil".[29]

Trata-se de uma tendência mundial. Na medida em que o setor público e o privado se conscientizam que é necessário que todos cumpram a legislação ambiental, é natural que apenas desejem firmar negócios jurídicos com empresas que cumpram as leis ambientais, sendo que esta situação de legalidade será alvo de certificações públicas e privadas com reconhecimento.

> **IMPORTANTE**
>
> O Decreto 7.746/2012, que regula as **licitações sustentáveis**, prevê que a comprovação das exigências contidas no instrumento convocatório poderá ser feita mediante **certificação** emitida por instituição pública oficial ou instituição credenciada, ou por qualquer outro meio definido no instrumento convocatório.

Logo, a Administração Pública federal possui base normativa para exigir a rotulação ambiental como condição de habilitação nos certames e para firmas contratos administrativos.

No Brasil, a Associação Brasileira de Normas Técnicas – ABNT iniciou, em 1993, o Programa de Rotulagem Ambiental, ainda sob a influência da Rio 92. O estudo relativo a esse programa começou com uma pesquisa sobre os programas de rotulagem existentes no mundo para fornecer bases para a formulação de um modelo brasileiro. O modelo proposto segue o projeto de norma ISO 14024 – Rótulos e Declarações Ambientais – Rotulagem Ambiental Tipo I – Princípios e Procedimentos. Nesse modelo, que pressupõe uma estrutura participativa, onde todos os setores interessados

---

29. Curso de Capacitação SUSTENTABILIDADE NA ADMINISTRAÇÃO PÚBLICA.

podem manifestar seus interesses, os estudos são baseados na consideração do ciclo de vida do produto. A missão do programa é promover a redução dos impactos negativos relacionados a produtos e serviços[30].

1.10. A POLÍTICA NACIONAL DE RESÍDUOS SÓLIDOS

Considera-se *resíduo sólido* o material, substância, objeto ou bem descartado resultante de atividades humanas em sociedade, a cuja destinação final se procede, se propõe proceder ou se está obrigado a proceder, nos estados sólido ou semissólido, bem como gases contidos em recipientes e líquidos cujas particularidades tornem inviável o seu lançamento na rede pública de esgotos ou em corpos d'água, ou exijam para isso soluções técnica ou economicamente inviáveis em face da melhor tecnologia disponível.

Após tramitar por mais de 20 anos no Congresso Nacional, finalmente foi aprovado o Projeto de Lei 354/1989, por intermédio da **Lei 12.305, de 02.08.2010**, que instituiu a **Política Nacional de Resíduos Sólidos**, que integra a Política Nacional do Meio Ambiente e articula-se com a Política Nacional de Educação Ambiental e com a Política Federal de Saneamento Básico.

De acordo com o Ministério do Meio Ambiente[31],

> A Lei nº 12.305/10, que institui a Política Nacional de Resíduos Sólidos – PNRS é bastante atual e contém instrumentos importantes para permitir o avanço necessário ao País no enfrentamento dos principais problemas ambientais, sociais e econômicos decorrentes do manejo inadequado dos resíduos sólidos.
>
> Prevê a prevenção e a redução na geração de resíduos, tendo como proposta a prática de hábitos de consumo sustentável e um conjunto de instrumentos para propiciar o aumento da reciclagem e da reutilização dos resíduos sólidos (aquilo que tem valor econômico e pode ser reciclado ou reaproveitado) e a destinação ambientalmente adequada dos rejeitos (aquilo que não pode ser reciclado ou reutilizado).
>
> Institui a responsabilidade compartilhada dos geradores de resíduos: dos fabricantes, importadores, distribuidores, comerciantes, o cidadão e titulares de serviços de manejo dos resíduos sólidos urbanos na Logística Reversa dos resíduos e embalagens pós-consumo e pós-consumo.
>
> Cria metas importantes que irão contribuir para a eliminação dos lixões e institui instrumentos de planejamento nos níveis nacional, estadual, microrregional, intermunicipal e metropolitano e municipal; além de impor que os particulares elaborem seus Planos de Gerenciamento de Resíduos Sólidos.

---

30. Curso de Capacitação SUSTENTABILIDADE NA ADMINISTRAÇÃO PÚBLICA
31. www.mma.gov.br

PARTE 1 • TEMAS GERAIS DE SUSTENTABILIDADE

Também coloca o Brasil em patamar de igualdade aos principais países desenvolvidos no que concerne ao marco legal e inova com a inclusão de catadoras e catadores de materiais recicláveis e reutilizáveis, tanto na Logística Reversa quando na Coleta Seletiva.

Além disso, os instrumentos da PNRS ajudarão o Brasil a atingir uma das metas do Plano Nacional sobre Mudança do Clima, que é de alcançar o índice de reciclagem de resíduos de 20% em 2015.

Sujeitar-se-ão às novas disposições as pessoas físicas ou jurídicas, de direito público ou privado, responsáveis, direta ou indiretamente, pela geração de resíduos sólidos, e as que desenvolvam ações relacionadas à gestão integrada ou ao gerenciamento de resíduos sólidos.

Entretanto, o legislador excluiu expressamente a aplicação da Lei 12.305/2010 aos *rejeitos radioativos*, por já sofrerem regulação especial pela Lei 10.308/2001.

IMPORTANTE

Dentre as inovações, destacam-se:
- A proibição dos lixões (observada a regra de transição);
- A atribuição de responsabilidade às indústrias pela destinação dos resíduos sólidos que produzem, verdadeiro corolário do Princípio do Poluidorpagador;
- A inclusão social das organizações de catadores;
- A logística reversa, que determina que fabricantes, importadores, distribuidores e vendedores realizem o recolhimento de embalagens usadas;
- A responsabilidade compartilhada, que envolve a sociedade, as empresas, os governos municipais, distrital, estaduais e federal na gestão dos resíduos sólidos;
- A previsão dos planos de resíduos sólidos;
- A responsabilidade das pessoas de acondicionar de forma adequada o lixo para o seu recolhimento, devendo fazer a separação onde houver a coleta seletiva.

IMPORTANTE

Na gestão e gerenciamento de resíduos sólidos, deverá ser observada a seguinte *ordem de prioridade*: **não geração, redução, reutilização, reciclagem, tratamento dos resíduos sólidos e disposição final ambientalmente adequada dos rejeitos.**

QUESTÃO DE CONCURSO
FCC 2013 – MAGISTRATURA DE PERNAMBUCO
No gerenciamento de resíduos sólidos, a não geração e a redução de resíduos são objetivos preferíveis à reciclagem e ao seu tratamento adequado.
CERTA

De acordo com a Ministra do Meio Ambiente,

"hoje os municípios não têm condições de arcar com as despesas, e por isso foram previstos os consórcios. 'Os financiamentos serão assegurados em orçamento. R$ 500 milhões pela Caixa Econômica Federal e R$ 1 bilhão pelo Orçamento Geral da União, por meio dos Ministérios do Meio Ambiente e das Cidades. Para prefeituras, catadores, estados e todos os que forem objeto de financiamento na lei.' Ela explica que a novidade dessa legislação é que ela oferece instrumentos formais para tornar as soluções viáveis".[32]

Segundo o Ministério do Meio Ambiente, "por meio dos incentivos e novas exigências, o país tentará resolver o problema da produção de lixo das cidades, que chega a 150 mil toneladas por dia. Deste total, 59% são destinados aos 'lixões' e apenas 13% têm destinação correta em aterros sanitários".[33]

Já existem Resoluções do CONAMA que tratam dos resíduos sólidos em determinados segmentos, que permanecem em vigor no que não contrariarem a Lei 12.305/2010:

- Resolução CONAMA 404/2008 – Estabelece critérios e diretrizes para o licenciamento ambiental de aterro sanitário de pequeno porte de resíduos sólidos urbanos;
- Resolução CONAMA 313/2002 – Dispõe sobre o Inventário Nacional de Resíduos Sólidos Industriais;
- Resolução CONAMA 005/1993 – Dispõe sobre o gerenciamento de resíduos sólidos gerados nos portos, aeroportos, terminais ferroviários e rodoviários;
- Resolução CONAMA 006/1991 – Dispõe sobre a incineração de resíduos sólidos provenientes de estabelecimentos de saúde, portos e aeroportos.

Em 23.12.2010, foi publicado o Decreto 7.404, que regulamenta a Lei 12.305/2010, instituindo o **Comitê Interministerial da Política Nacional de Resíduos Sólidos**, com a finalidade de apoiar a estruturação e implementação da Política Nacional de Resíduos Sólidos, por meio da articulação dos órgãos e entidades governamentais, com um representante, titular e suplente, de cada órgão a seguir indicado: I – Ministério do Meio Ambiente, que o coordenará; II – Casa Civil da Presidência da República; III – Ministério das Cidades; IV – Ministério do Desenvolvimento Social e Combate à Fome; V – Ministério da Saúde; VI – Ministério de Minas e Energia; VII – Ministério da Fazenda; VIII – Ministério do Planejamento,

---

32. Disponível em: <http://www.mma.gov.br/sitio/index.php?ido=ascom.noticiaMMA&codigo=6021>.
33. Disponível em: <http://blog.planalto.gov.br/politica-nacional-de-residuos-solidos-une--protecao-ambiental-e-inclusao-social>.

Orçamento e Gestão; IX – Ministério do Desenvolvimento, Indústria e Comércio Exterior; X – Ministério da Agricultura, Pecuária e Abastecimento; XI – Ministério da Ciência e Tecnologia; e XII – Secretaria de Relações Institucionais da Presidência da República.

Para a execução da Política Nacional de Resíduos Sólidos, foram invocados os seguintes *princípios ambientais gerais*: **prevenção, precaução, poluidor-pagador, protetor-recebedor, desenvolvimento sustentável, razoabilidade e proporcionalidade.**

Outrossim, ainda foram arrolados os seguintes *princípios*:

- Visão sistêmica, na gestão dos resíduos sólidos – deverão ser consideradas as variáveis ambientais, sociais, culturais, econômicas, tecnológicas e de saúde pública;
- Ecoeficiência – compatibilização entre o fornecimento, a preços competitivos, de bens e serviços qualificados que satisfaçam as necessidades humanas e tragam qualidade de vida e a redução do impacto ambiental e do consumo de recursos naturais a um nível, no mínimo, equivalente à capacidade de sustentação estimada do planeta;
- Cooperação entre as diferentes esferas do poder público, o setor empresarial e demais segmentos da sociedade;
- Responsabilidade compartilhada pelo ciclo de vida dos produtos – conjunto de atribuições individualizadas e encadeadas dos fabricantes, importadores, distribuidores e comerciantes, dos consumidores e dos titulares dos serviços públicos de limpeza urbana e de manejo dos resíduos sólidos, para minimizar o volume de resíduos sólidos e rejeitos gerados, bem como para reduzir os impactos causados à saúde humana e à qualidade ambiental decorrentes do ciclo de vida dos produtos;
- Reconhecimento do resíduo sólido reutilizável e reciclável como um bem econômico e de valor social, gerador de trabalho e renda e promotor de cidadania;
- Respeito às diversidades locais e regionais;
- Direito da sociedade à informação e ao controle social.

É possível afirmar que o *objetivo geral* da Política Nacional de Resíduos Sólidos é a **proteção da saúde pública e da qualidade ambiental**.

Foram listados os seguintes *objetivos específicos* no artigo 7.º da Lei 12.305/2010:

- Não geração, redução, reutilização, reciclagem[34] e tratamento dos resíduos sólidos, bem como disposição final ambientalmente adequada dos rejeitos;
- Estímulo à adoção de padrões sustentáveis de produção e consumo de bens e serviços;[35]
- Adoção, desenvolvimento e aprimoramento de tecnologias limpas como forma de minimizar impactos ambientais;
- Redução do volume e da periculosidade dos resíduos perigosos;
- Incentivo à indústria da reciclagem, tendo em vista fomentar o uso de matérias-primas e insumos derivados de materiais recicláveis e reciclados;
- Gestão integrada de resíduos sólidos;[36]

QUESTÃO DE CONCURSO
FCC 2015 – ANALISTA DO TRT MATO GROSSO (23ª REGIÃO)
Para efeitos da Lei no 12.305/2010 a gestão integrada de resíduos sólidos é
(A) conjunto de mecanismos e procedimentos que garantam à sociedade informações e participação nos processos de formulação, implementação e avaliação das políticas públicas relacionadas aos resíduos sólidos.
(B) distribuição ordenada de rejeitos em aterros, observando normas operacionais específicas de modo a evitar danos ou riscos à saúde pública e à segurança e a minimizar os impactos ambientais adversos.
(C) o ato de natureza contratual firmado entre o poder público e fabricantes, importadores, distribuidores ou comerciantes, tendo em vista a implantação da responsabilidade compartilhada pelo ciclo de vida do produto.
(D) o conjunto de ações voltadas para a busca de soluções para os resíduos sólidos, de forma a considerar as dimensões política, econômica, ambiental, cultural e social, com controle social e sob a premissa do desenvolvimento sustentável.
(E) o conjunto de ações exercidas, direta ou indiretamente, nas etapas de coleta, transporte, tratamento e destinação final ambientalmente adequada dos resíduos sólidos e disposição final, de acordo com plano municipal de gestão integrada de resíduos sólidos.
LETRA D

---

34. Processo de transformação dos resíduos sólidos que envolve a alteração de suas propriedades físicas, físico-químicas ou biológicas, com vistas à transformação em insumos ou novos produtos, observadas as condições e os padrões estabelecidos pelos órgãos competentes do Sisnama e, se couber, do SNVS e do Suasa.
35. Produção e consumo de bens e serviços de forma a atender as necessidades das atuais gerações e permitir melhores condições de vida, sem comprometer a qualidade ambiental e o atendimento das necessidades das gerações futuras.
36. Conjunto de ações voltadas para a busca de soluções para os resíduos sólidos, de forma a considerar as dimensões política, econômica, ambiental, cultural e social, com controle social e sob a premissa do desenvolvimento sustentável.

- Articulação entre as diferentes esferas do poder público, e destas com o setor empresarial, com vistas à cooperação técnica e financeira para a gestão integrada de resíduos sólidos;
- Capacitação técnica continuada na área de resíduos sólidos;
- Regularidade, continuidade, funcionalidade e universalização da prestação dos serviços públicos de limpeza urbana e de manejo de resíduos sólidos, com adoção de mecanismos gerenciais e econômicos que assegurem a recuperação dos custos dos serviços prestados, como forma de garantir sua sustentabilidade operacional e financeira, observada a Lei 11.445, de 2007;
- Prioridade, nas aquisições e contratações governamentais, para: produtos reciclados e recicláveis; bens, serviços e obras que considerem critérios compatíveis com padrões de consumo social e ambientalmente sustentáveis;
- Integração dos catadores de materiais reutilizáveis e recicláveis nas ações que envolvam a responsabilidade compartilhada pelo ciclo de vida dos produtos;
- Estímulo à implementação da avaliação do ciclo de vida do produto;
- Incentivo ao desenvolvimento de sistemas de gestão ambiental e empresarial voltados para a melhoria dos processos produtivos e ao reaproveitamento dos resíduos sólidos, incluídos a recuperação e o aproveitamento energético;
- Estímulo à rotulagem ambiental e ao consumo sustentável.

IMPORTANTE

Os principais instrumentos para a consecução da Política Nacional de Resíduos Sólidos são os **planos de resíduos sólidos**, que deverão se publicizados e sofrer controle social em sua formulação, implementação e operacionalização.

São previstos os seguintes planos:

I – o Plano Nacional de Resíduos Sólidos;

II – os planos estaduais de resíduos sólidos;

III – os planos microrregionais de resíduos sólidos e os planos de resíduos sólidos de regiões metropolitanas ou aglomerações urbanas;

IV – os planos intermunicipais de resíduos sólidos;

V – os planos municipais de gestão integrada de resíduos sólidos;

VI – os planos de gerenciamento de resíduos sólidos.

O **Plano Nacional de Resíduos Sólidos** será elaborado pela União, sob a coordenação do Ministério do Meio Ambiente, mediante processo de mobilização e participação social, incluindo a realização de audiências e consultas públicas, com vigência por prazo indeterminado e horizonte de 20 anos, a ser atualizado a cada quatro anos.

Deverá conter, dentre outras disposições, o diagnóstico da situação atual dos resíduos sólidos; proposição dos cenários; metas de redução, reutilização e reciclagem para reduzir a quantidade de resíduos e rejeitos encaminhados para disposição final ambientalmente adequada; metas de aproveitamento energético; metas para a eliminação e recuperação de lixões; medidas para incentivar e viabilizar a gestão regionalizada dos resíduos sólidos.

Também deverão ser elaborados os **planos estaduais de resíduos sólidos**, determinação extensível ao Distrito Federal, que lamentavelmente foi esquecido na elaboração da norma. A aprovação dos planos estaduais é condição para que os estados tenham acesso aos recursos da União, ou por ela controlados, destinados a empreendimentos e serviços relacionados à gestão de resíduos sólidos, ou para serem beneficiados por incentivos ou financiamentos de entidades federais de crédito ou fomento para tal finalidade.

Os planos estaduais de resíduos sólidos serão elaborados para vigência por prazo indeterminado, abrangendo todo o território dos estados, com horizonte de atuação de 20 anos e revisões a cada quatro anos.

Ainda poderão os estados aprovar **planos microrregionais de resíduos sólidos**, bem como **planos específicos direcionados às regiões metropolitanas ou às aglomerações urbanas**, com a participação obrigatória dos municípios envolvidos, o que não exclui ou substitui as prerrogativas a cargo dos municípios, que deverão atender ao previsto para o plano estadual e estabelecer soluções integradas para a coleta seletiva, a recuperação e a reciclagem, o tratamento e a destinação final dos resíduos sólidos urbanos e, consideradas as peculiaridades microrregionais, outros tipos de resíduos.

Deverão os municípios aprovar os seus **planos municipais de gestão integrada de resíduos sólidos**, que também funcionarão como condição para que os municípios tenham acesso a recursos da União, ou por ela controlados, destinados a empreendimentos e serviços relacionados à limpeza urbana e ao manejo de resíduos sólidos, ou para serem beneficiados por incentivos ou financiamentos de entidades federais de crédito ou fomento para tal finalidade, devendo observar o sistema de logística reversa.

QUESTÃO DE CONCURSO
CESPE 2013 – ANALISTA DO IBAMA
A partir do dever constitucional do poder público de controlar a produção, comercialização e emprego de técnicas, métodos e substâncias que acarretem risco à vida, à qualidade de vida e ao meio ambiente, leis e regulamentos dispõem sobre várias matérias ambientais que demandam regulação e controle. Com relação a esse assunto, julgue os itens seguintes. O sistema de logística reversa, previsto na Política Nacional de Resíduos Sólidos, deve ser considerado na elaboração do plano municipal de gestão integrada de resíduos sólidos, bem como no plano de gerenciamento de resíduos sólidos de responsabilidade de fabricantes, importadores, distribuidores e comerciantes, quando constituir caso de retorno dos produtos após uso pelo consumidor, a exemplo de pilhas, baterias, pneus, embalagens de produtos agrotóxicos e produtos eletrônicos.
CERTA

A existência de plano municipal não dispensará o município da promoção do licenciamento ambiental de aterros sanitários e de outras infraestruturas e instalações operacionais integrantes do serviço público de limpeza urbana e de manejo de resíduos sólidos pelo órgão competente do SISNAMA.

Terão preferência na percepção de recursos federais os municípios que implantarem a coleta seletiva com a participação de cooperativas ou outras formas de associação de catadores de materiais reutilizáveis e recicláveis formadas por pessoas físicas de baixa renda.

Para os municípios com menos de 20.000 habitantes, foi permitida a elaboração de **plano simplificado**, exceto se os entes políticos locais integrarem áreas de especial interesse turístico, estiverem inseridos na área de influência de empreendimentos ou atividades com significativo impacto ambiental de âmbito regional ou nacional ou o território abranja, total ou parcialmente, unidades de conservação.

De maneira atécnica, o artigo 18, da Lei 12.305/2010, previu que o Distrito Federal deverá elaborar o seu plano municipal, ignorando o legislador que essa entidade política não possui municípios, e sim regiões administrativas, a teor do artigo 32, da Constituição Federal.

Foi facultada a elaboração de **planos intermunicipais de resíduos sólidos**, em regime de consórcios públicos, que terão prioridade na percepção de recursos da União, podendo neste caso ser dispensada a elaboração de plano municipal de gestão integrada de resíduos sólidos.

Outrossim, foram previstos os **planos de gerenciamento de resíduos sólidos**, que serão parte integrante do processo de licenciamento ambiental,[37] devendo ser elaborados pelos geradores de resíduos sólidos[38] listados pelo artigo 20, I, da Lei 12.305/2010:

- Resíduos dos serviços públicos de saneamento básico: os gerados nessas atividades, excetuados os resíduos domiciliares e de limpeza urbana;
- Resíduos industriais: os gerados nos processos produtivos e instalações industriais;
- Resíduos de serviços de saúde: os gerados nos serviços de saúde, conforme definido em regulamento ou em normas estabelecidas pelos órgãos do SISNAMA e do Sistema Nacional de Vigilância Sanitária;
- Resíduos de mineração: os gerados na atividade de pesquisa, extração ou beneficiamento de minérios.

---

37. Será assegurada oitiva do órgão municipal competente, em especial quanto à disposição final ambientalmente adequada de rejeitos, caso o licenciamento ambiental seja estadual ou federal.
38. Pessoas físicas ou jurídicas, de direito público ou privado, que geram resíduos sólidos por meio de suas atividades, nelas incluído o consumo.

Deverão ainda aprovar os seus planos de gerenciamento de resíduos sólidos:

- Estabelecimentos comerciais e de prestação de serviços que gerem resíduos perigosos ou que gerem resíduos que, mesmo caracterizados como não perigosos, por sua natureza, composição ou volume, não sejam equiparados aos resíduos domiciliares pelo poder público municipal;
- Empresas de construção civil, nos termos do regulamento ou de normas estabelecidas pelos órgãos do SISNAMA;
- Responsáveis pelos terminais e outras instalações que gerem resíduos de serviços de transportes;
- Responsáveis por atividades agrossilvopastoris, se exigido pelo órgão competente do SISNAMA, do Sistema Nacional de Vigilância Sanitária ou do Sistema Único de Atenção à Sanidade Agropecuária.

QUESTÃO DE CONCURSO
CESPE 2016 – TÉCNICO DO TRE PERNAMBUCO
À luz das disposições da Lei 12.305/2010, que trata da Política Nacional de Resíduos Sólidos, assinale a opção correta. A) A lei considera resíduos perigosos aqueles que apresentem significativo risco à saúde pública, mas não os que apresentem risco à qualidade ambiental. B) Os planos de gerenciamento de resíduos sólidos elaborados pela União e pelos estados têm vigência indeterminada, mas devem ser atualizados anualmente. C) Estarão sujeitos à elaboração de plano de gerenciamento de resíduos sólidos os estabelecimentos comerciais e os prestadores de serviços que gerarem resíduos perigosos ou resíduos que, por suas características, não possam ser equiparados aos resíduos domiciliares. D) Os prestadores de serviços públicos de limpeza urbana são os principais responsáveis pela implementação de sistemas de logística reversa para o retorno, aos fabricantes, de produtos usados que tenham potencial poluente, como os artigos eletroeletrônicos. E) Cabe à União fornecer ao Sistema Nacional de Informações sobre a Gestão dos Resíduos Sólidos as informações referentes aos resíduos na esfera de competência de todos os entes federativos. LETRA C

Vale ressaltar que a inexistência do plano municipal de gestão integrada de resíduos sólidos não obsta a elaboração, a implementação ou a operacionalização do plano de gerenciamento de resíduos sólidos.

Ainda foram previstos os seguintes instrumentos para a consecução da Política Nacional de Resíduos Sólidos:

- Os inventários e o sistema declaratório anual de resíduos sólidos;
- A coleta seletiva, os sistemas de logística reversa e outras ferramentas relacionadas à implementação da responsabilidade compartilhada pelo ciclo de vida dos produtos;

- O incentivo à criação e ao desenvolvimento de cooperativas ou de outras formas de associação de catadores de materiais reutilizáveis e recicláveis;
- O monitoramento e a fiscalização ambiental, sanitária e agropecuária;
- A cooperação técnica e financeira entre os setores público e privado para o desenvolvimento de pesquisas de novos produtos, métodos, processos e tecnologias de gestão, reciclagem, reutilização, tratamento de resíduos e disposição final ambientalmente adequada de rejeitos;
- A pesquisa científica e tecnológica;
- A educação ambiental;
- Os incentivos fiscais, financeiros e creditícios;
- O Fundo Nacional do Meio Ambiente e o Fundo Nacional de Desenvolvimento Científico e Tecnológico;
- O Sistema Nacional de Informações sobre a Gestão dos Resíduos Sólidos (Sinir);
- O Sistema Nacional de Informações em Saneamento Básico (Sinisa);
- Os conselhos de meio ambiente e, no que couber, os de saúde;
- Os órgãos colegiados municipais destinados ao controle social dos serviços de resíduos sólidos urbanos;
- O Cadastro Nacional de Operadores de Resíduos Perigosos;
- Os acordos setoriais;
- No que couber, os instrumentos da Política Nacional de Meio Ambiente;
- Os termos de compromisso e os termos de ajustamento de conduta;
- O incentivo à adoção de consórcios ou de outras formas de cooperação entre os entes federados, com vistas à elevação das escalas de aproveitamento e à redução dos custos envolvidos.

IMPORTANTE

A **logística reversa** é o instrumento de desenvolvimento econômico e social caracterizado por um conjunto de ações, procedimentos e meios destinados a viabilizar a coleta e a restituição dos resíduos sólidos ao setor empresarial, para reaproveitamento, em seu ciclo ou em outros ciclos produtivos, ou outra destinação final ambientalmente adequada.

De efeito, são obrigados a estruturar e implementar *sistemas de logística reversa*, mediante retorno dos produtos após o uso pelo consumidor, de forma independente do serviço público de limpeza urbana e de manejo dos resíduos sólidos, os fabricantes, importadores, distribuidores e comerciantes de agrotóxicos, seus resíduos e embalagens, assim como outros produtos cuja embalagem, após o uso, constitua resíduo perigoso; pilhas e baterias; pneus; óleos lubrificantes, seus resíduos e embalagens; lâmpadas fluorescentes, de vapor de sódio e mercúrio e de luz mista e produtos eletroeletrônicos e seus componentes.

Caberá aos consumidores promover a devolução após o uso, aos comerciantes ou distribuidores, dos produtos e das embalagens referidos. Por sua vez, os comerciantes e os distribuidores deverão efetuar a sua devolução aos fabricantes ou aos importadores, que finalmente darão destinação ambientalmente adequada aos produtos e às embalagens reunidos ou devolvidos, sendo o rejeito encaminhado para a disposição final ambientalmente adequada.

É possível que haja acordo para que o Poder Público assuma a responsabilidade pelas atividades de logística reversa, mas a prestação desse serviço público deverá ser remunerada.

Na hipótese de o **sistema de coleta seletiva** constar do plano municipal de gestão integrada de resíduos sólidos, os consumidores são obrigados a acondicionar adequadamente e de forma diferenciada os resíduos sólidos gerados e disponibilizar adequadamente os resíduos sólidos reutilizáveis e recicláveis para coleta ou devolução.

O **acordo setorial** é o ato de natureza contratual firmado entre o poder público e fabricantes, importadores, distribuidores ou comerciantes, tendo em vista a implantação da responsabilidade compartilhada pelo ciclo de vida do produto.

Sobre o tema, veja-se notícia publicada no sítio o Direito por um Planeta Verde:

> **Logística reversa de lâmpadas tem acordo setorial assinado** – 16 de Março
> A ministra do Meio Ambiente, Izabella Teixeira, e entidades representativas do setor de lâmpadas fluorescentes de vapor de sódio e mercúrio e de luz mista assinaram, nesta quinta-feira (27/11), em Brasília, acordo setorial que estabelece a logística reversa desses produtos.
> O acordo está previsto na Política Nacional de Resíduos Sólidos – PNRS, de 2010. A lei que institui a política (12.305/2010) prevê que fabricantes, importadores, distribuidores e comerciantes de um determinado produto que possa causar danos ao meio ambiente ou à saúde humana criem um sistema de recolhimento e destinação final independente dos sistemas públicos de limpeza urbana.
> A ministra Izabella Teixeira considerou um avanço assinar esse acordo que leva a novos caminhos para o desenvolvimento do país, destacando que a logística reversa reflete uma mudança de cultura. "Agora temos como desafio a capacidade de implantação do acordo, olhando para um país de dimensões continentais". Também reforçou a importância de continuar avaliando os mecanismos e inserindo novos atores nos processos.
> O acordo é válido por dois anos contados a partir da sua assinatura. Ao final desse período, deverão ser revisados a fim de incorporar os ajustes que se fizerem necessários para o seu bom funcionamento e a sua ampliação para o restante do país.

O acordo garante retorno dos resíduos (aquilo que tem valor econômico e pode ser reciclado ou reutilizado) à indústria, para reaproveitamento, em seu ciclo ou em outros ciclos produtivos.

NEGOCIAÇÃO

O acordo prevê responsabilidade compartilhada pelo ciclo de vida dos produtos e propicia que esses materiais, depois de usados, possam ser reaproveitados. A proposta passou por consulta pública e aprovação do Comitê Orientador para a Implantação da Logística Reversa (CORI). O Comitê é composto por representantes dos ministérios do Meio Ambiente, Saúde, Desenvolvimento, Indústria e Comércio Exterior, Agricultura e Abastecimento e Fazenda.

Ney Maranhão, secretário de Recursos Hídricos e Ambiente Urbano do MMA, enfatizou a construção progressiva do acordo. "Daqui a dois anos vamos revisar, aprendendo com a experiência e informando cada lado com transparência", disse. Ele falou também sobre a postura inovadora da indústria que, ao fazer parte deste acordo, ganha um grande diferencial.

O artigo 13, da Lei 12.305/2010, promoveu uma classificação dos resíduos sólidos de acordo com a sua origem ou periculosidade.

Quando à origem, foram classificados em:

a) resíduos domiciliares: os originários de atividades domésticas em residências urbanas;

b) resíduos de limpeza urbana: os originários da varrição, limpeza de logradouros e vias públicas e outros serviços de limpeza urbana;

c) resíduos sólidos urbanos: os englobados nas alíneas "a" e "b";

d) resíduos de estabelecimentos comerciais e prestadores de serviços: os gerados nessas atividades, excetuados os referidos nas alíneas "b", "e", "g", "h" e "j";

e) resíduos dos serviços públicos de saneamento básico: os gerados nessas atividades, excetuados os referidos na alínea "c";

f) resíduos industriais: os gerados nos processos produtivos e instalações industriais;

g) resíduos de serviços de saúde: os gerados nos serviços de saúde, conforme definido em regulamento ou em normas estabelecidas pelos órgãos do Sisnama e do SNVS;

h) resíduos da construção civil: os gerados nas construções, reformas, reparos e demolições de obras de construção civil, incluídos os resultantes da preparação e escavação de terrenos para obras civis;

i) resíduos agrossilvopastoris: os gerados nas atividades agropecuárias e silviculturais, incluídos os relacionados a insumos utilizados nessas atividades;

j) resíduos de serviços de transportes: os originários de portos, aeroportos, terminais alfandegários, rodoviários e ferroviários e passagens de fronteira;

k) resíduos de mineração: os gerados na atividade de pesquisa, extração ou beneficiamento de minérios.

Quanto à periculosidade, classificou-se da seguinte maneira:

a) resíduos perigosos: aqueles que, em razão de suas características de inflamabilidade, corrosividade, reatividade, toxicidade, patogenicidade, carcinogenicidade, teratogenicidade e mutagenicidade, apresentam significativo risco à saúde pública ou à qualidade ambiental, de acordo com lei, regulamento ou norma técnica;

b) resíduos não perigosos: aqueles não enquadrados na alínea "a".

A Política Nacional de Resíduos Sólidos atribuiu ao Poder Público, aos empresários e a toda a coletividade a responsabilidade pela efetividade de sua implementação.

Caberá à Administração Pública prestadora dos serviços públicos de limpeza urbana e de manejo de resíduos sólidos a responsabilidade pela organização e prestação direta ou indireta desses serviços.

Já as pessoas físicas e jurídicas geradoras de resíduos sólidos, listadas no artigo 20, da Lei 12.305/2010, deverão implementar e operacionalizar integralmente o seu *plano de gerenciamento de resíduos sólidos*, cuja responsabilidade civil por danos que vierem a ser provocados pelo gerenciamento inadequado dos respectivos resíduos ou rejeitos persistirá, mesmo que tenha sido contratado terceiro para a prestação dos serviços de coleta, armazenamento, transporte, transbordo, tratamento ou destinação final de resíduos sólidos, ou de disposição final de rejeitos.

Caberá ao Poder Público atuar subsidiariamente para minimizar ou cessar o dano, logo que tome conhecimento de evento lesivo ao meio ambiente ou à saúde pública relacionado ao gerenciamento de resíduos sólidos, assegurado o regresso contra os responsáveis para a recomposição do erário.

Por seu turno, o gerador de resíduos sólidos domiciliar terá cessada a sua responsabilidade pelos resíduos com a disponibilização adequada para a coleta ou pela devolução.

IMPORTANTE

Outrossim, restou instituída a **responsabilidade compartilhada pelo ciclo de vida dos produtos**, que engloba os fabricantes, importadores, distribuidores e comerciantes, os consumidores e os titulares dos serviços públicos de limpeza urbana e de manejo de resíduos sólidos, a ser implementada de *forma individualizada* e encadeada, que **independe da existência de culpa**.

QUESTÃO DE CONCURSO
CESPE 2014 – ANALISTA LEGISLATIVO DA CÂMARA DOS DEPUTADOS
A lei que regulamentou a gestão de resíduos estabeleceu a responsabilidade solidária pelo ciclo de vida do produto entre os fabricantes, importadores, distribuidores, comerciantes, consumidores e titulares de serviços públicos de limpeza urbana e de manejo de resíduos sólidos.
ERRADA

Foi cominado aos manufaturadores ou responsáveis pela circulação o dever ambiental de **fabricação de embalagens com materiais que propiciem a sua reutilização ou reciclagem**.

Alguns fabricantes, importadores, distribuidores e comerciantes são obrigados a estruturar e implementar **sistemas de logística reversa**, mediante retorno dos produtos após o uso pelo consumidor, de forma independente do serviço público de limpeza urbana e de manejo dos resíduos sólidos: *agrotóxicos, seus resíduos e embalagens, assim como outros produtos cuja embalagem, após o uso, constitua resíduo perigoso; pilhas e baterias; pneus; óleos lubrificantes, seus resíduos e embalagens; lâmpadas fluorescentes, de vapor de sódio e mercúrio e de luz mista e produtos eletroeletrônicos e seus componentes*.

Já os **consumidores estão obrigados a devolver os referidos produtos e embalagens após o uso** aos comerciantes ou distribuidores, assim como outros produtos ou embalagens objeto de logística reversa, devendo **acondicionar adequadamente e de forma diferenciada os resíduos sólidos gerados e disponibilizar adequadamente os resíduos sólidos reutilizáveis e recicláveis para coleta ou devolução**.

QUESTÃO DE CONCURSO
FCC 2013 – MAGISTRATURA DE PERNAMBUCO
Os consumidores têm responsabilidade compartilhada pelo ciclo de vida de quaisquer produtos adquiridos.
CERTA

A logística reversa será implementada mediante a implantação de procedimentos de compra de produtos ou embalagens usados, da disponibilização de postos de entrega de resíduos reutilizáveis e recicláveis e de atuação em parceria com cooperativas ou outras formas de associação de catadores de materiais reutilizáveis e recicláveis.

Será possível a **extensão do sistema de logística reversa** a produtos comercializados em embalagens plásticas, metálicas ou de vidro, e aos demais produtos e embalagens, considerando, prioritariamente, o grau e a extensão do impacto à saúde pública e ao meio ambiente dos resíduos gerados, desde que previsto em Regulamento ou avençado em termos de compromisso ou acordos setoriais.[39]

QUESTÃO DE CONCURSO
FCC 2013 – MAGISTRATURA DE PERNAMBUCO
Os fabricantes de produtos em geral têm o dever de implementar sistemas de logística reversa.
ERRADA

---

39. Poderão ter abrangência nacional, regional, estadual ou municipal.

Em regulamentação ao *Princípio do Poluidor-pagador*, **os fabricantes e os importadores darão destinação ambientalmente adequada aos produtos e às embalagens reunidos ou devolvidos**, sendo o rejeito encaminhado para a disposição final ambientalmente adequada.

Ainda dentro da responsabilidade compartilhada, o titular dos serviços públicos de limpeza urbana e de manejo de resíduos sólidos (normalmente os municípios) deverá adotar procedimentos para reaproveitar os resíduos sólidos reutilizáveis e recicláveis oriundos dos serviços públicos de limpeza urbana e de manejo de resíduos sólidos, estabelecendo **sistema de coleta seletiva**.

Outrossim, deverá se articular com os agentes econômicos e sociais medidas para viabilizar o retorno ao ciclo produtivo dos resíduos sólidos reutilizáveis e recicláveis oriundos dos serviços de limpeza urbana e de manejo de resíduos sólidos e implantar sistema de compostagem para resíduos sólidos orgânicos e articular com os agentes econômicos e sociais formas de utilização do composto produzido, dando disposição final ambientalmente adequada aos resíduos e rejeitos oriundos dos serviços públicos de limpeza urbana e de manejo de resíduos sólidos.

São considerados *resíduos perigosos* aqueles que, em razão de suas características de inflamabilidade, corrosividade, reatividade, toxicidade, patogenicidade, carcinogenicidade, teratogenicidade e mutagenicidade, apresentam **significativo risco à saúde pública ou à qualidade ambiental**, de acordo com lei, regulamento ou norma técnica.

De acordo com o artigo 7.º, XXIV e XXV, da Lei Complementar 140/2011, é competência administrativa de a União exercer o controle ambiental sobre o transporte marítimo, interestadual, fluvial ou terrestre de produtos perigosos.

Já aos Estados e ao Distrito Federal competirá apenas exercer comumente com a União o controle ambiental sobre o transporte fluvial e terrestre de produtos perigosos, não tendo a atribuição de controlar o transporte marítimo e interestadual.

Apenas poderão ser licenciados a instalação e o funcionamento de empreendimento ou atividade que gere ou opere com resíduos perigosos se comprovada a capacidade técnica e econômica, além de condições para prover os cuidados necessários ao gerenciamento desses resíduos, devendo as pessoas jurídicas se registrar no *Cadastro Nacional de Operadores de Resíduos Perigosos*, que integra o Cadastro Técnico Federal de Atividades Potencialmente Poluidoras ou Utilizadoras de Recursos Ambientais[40] e o Sistema de Informações.

As pessoas jurídicas que gerem ou operem com resíduos perigosos deverão elaborar **plano de gerenciamento de resíduos perigosos**, a ser aprovado pelo órgão competente do SISNAMA, que poderá integrar o plano de gerenciamento de resíduos sólidos.

---

40. Instrumento da Política Nacional do Meio Ambiente.

Importante inovação é a possibilidade de imposição de contratação de seguro como condição para o deferimento da licença ambiental. De efeito, prevê o artigo 40, da Lei 12.305/2010, que no licenciamento ambiental de empreendimentos ou atividades que operem com resíduos perigosos, o órgão licenciador do SISNAMA pode exigir a **contratação de seguro de responsabilidade civil por danos causados ao meio ambiente ou à saúde pública**, observadas as regras sobre cobertura e os limites máximos de contratação fixados em regulamento.

A União deverá promover a descontaminação de *áreas órfãs*, assim consideradas aquelas cuja responsabilidade ambiental ainda não está definida, ressalvado o direito de regresso contra os causadores da contaminação, se posteriormente identificados.

Foi prevista genericamente a instituição de medidas indutoras para a implementação da Política Nacional de Resíduos Sólidos, a exemplo dos **incentivos fiscais, financeiros ou creditícios**, desde que respeitadas as disposições da Lei de Responsabilidade Fiscal.

Em termos de *incentivos creditícios*, as instituições oficiais de crédito foram autorizadas a estabelecer critérios diferenciados de acesso dos beneficiários aos créditos do Sistema Financeiro Nacional para investimentos produtivos.

Também será possível que todas as pessoas políticas instituam normas que concedam *incentivos fiscais, financeiros ou creditícios* em favor de indústrias e entidades dedicadas à reutilização, ao tratamento e à reciclagem de resíduos sólidos produzidos no território nacional; de projetos relacionados à responsabilidade pelo ciclo de vida dos produtos, prioritariamente em parceria com cooperativas ou outras formas de associação de catadores de materiais reutilizáveis e recicláveis formadas por pessoas físicas de baixa renda e de empresas dedicadas à limpeza urbana e a atividades a ela relacionadas.

Por sua vez, os *consórcios públicos* com o objetivo de viabilizar a descentralização e a prestação de serviços públicos que envolvam resíduos sólidos terão prioridade na obtenção dos incentivos instituídos pela União.

IMPORTANTE

Observada a regra de transição, pois este dispositivo apenas entrará em vigor após quatro anos contados da data de publicação da Lei 12.305/2010, foram *proibidas* as seguintes *formas de destinação ou disposição final de resíduos sólidos ou rejeitos*:
- Lançamento em praias, no mar ou em quaisquer corpos hídricos; [41]
- Lançamento *in natura* a céu aberto, excetuados os resíduos de mineração;
- Queima a céu aberto ou em recipientes, instalações e equipamentos não licenciados para essa finalidade; [42]
- Outras formas vedadas pelo poder público.

---

41. Assegurada a devida impermeabilização, as bacias de decantação de resíduos ou rejeitos industriais ou de mineração, devidamente licenciadas pelo órgão competente do Sisnama, não são consideradas corpos hídricos.
42. Salvo em caso de emergência sanitária decretada.

Nas *áreas de disposição final de resíduos ou rejeitos foram proibidas* as seguintes atividades:
- Utilização dos rejeitos dispostos como alimentação;
- Catação;
- Criação de animais domésticos;
- Fixação de habitações temporárias ou permanentes;
- Outras atividades vedadas pelo poder público.

IMPORTANTE

Por fim, **foi proibida a importação de resíduos sólidos perigosos e rejeitos**, bem como de resíduos sólidos cujas características causem dano ao meio ambiente, à saúde pública e animal e à sanidade vegetal, ainda que para tratamento, reforma, reuso, reutilização ou recuperação.

QUESTÃO DE CONCURSO
FCC 2013 – DEFENSORIA DO AMAZONAS
Uma organização não governamental (ONG) está trazendo para o Estado do Amazonas resíduos sólidos perigosos, provenientes dos Estados Unidos da América, cujas características causam dano ao meio ambiente e à saúde pública, para tratamento e posterior reutilização em benefício de população de baixa renda. Tal conduta, segundo a Política Nacional de Resíduos Sólidos (Lei Federal nº 12.305/2010),
(A) depende de autorização discricionária do Presidente da República por envolver os Ministérios do Meio Ambiente e da Saúde.
(B) é permitida, diante da destinação social do resíduo sólido.
(C) é proibida, ainda que haja tratamento e posterior reutilização do resíduo sólido.
(D) é permitida, desde que exame prévio do material, realizado no país de origem, comprove a possibilidade de adequado tratamento do resíduo sólido.
(E) é permitida, desde que exame prévio do material, realizado no Brasil, comprove a possibilidade de adequado tratamento do resíduo sólido.
LETRA C

Com o intuito de atender ao Princípio da Segurança Jurídica, alguns dispositivos da Lei 12.305/2010 têm um largo período de vacância, a fim de permitir a preparação da iniciativa privada ou mesmo pública para atendê-los.

A *disposição final ambientalmente adequada* dos rejeitos deverá ser implantada em até quatro anos após a data de sua publicação (a publicação ocorreu em 03.08.2010).

Tentou-se a prorrogação em mais quatro anos desse prazo para que os municípios eliminem os "lixões", mas houve veto presidencial nesse ponto à Lei 13.043/2014.

Já o disposto nos artigos 16[43] (plano estadual de resíduos sólidos) e 18[44] (plano municipal de resíduos sólidos) entrará em vigor dois anos após a data de publicação da Lei.

De arremate, a *logística reversa* relativa aos produtos de que tratam os incisos V[45] e VI[46] do *caput* do artigo 33, será implementada progressivamente, segundo cronograma estabelecido em Regulamento.

1.11. A POLÍTICA NACIONAL DE MUDANÇA DO CLIMA

De acordo com o sítio do Ministério do Meio Ambiente[47],

> A Política Nacional sobre Mudança do Clima (PNMC) oficializa o compromisso voluntário do Brasil junto à Convenção-Quadro das Nações Unidas sobre Mudança do Clima de redução de emissões de gases de efeito estufa entre 36,1% e 38,9% das emissões projetadas até 2020. Ela foi instituída em 2009 pela Lei nº 12.187, buscando garantir que o desenvolvimento econômico e social contribuam para a proteção do sistema climático global.
>
> De acordo com o Decreto nº 7.390/2010, que regulamenta a PNMC, a linha de base de emissões de gases de efeito estufa para 2020 foi estimada em 3,236 GtCO2-eq. Assim, a redução absoluta correspondente ficou estabelecida entre 1, 168 GtCO2-eq e 1,259 GtCO2-eq, 36,1% e 38,9% de redução de emissões, respectivamente. Para auxiliar no alcance as metas de redução, a lei estabelece ainda, o desenvolvimento de planos setoriais de mitigação e adaptação nos âmbitos local, regional e nacional.
>
> Os objetivos alcançados pela PNMC devem se harmonizar com o desenvolvimento sustentável buscando o crescimento econômico, a erradicação da pobreza e a redução das desigualdades sociais. Para viabilizar o alcance destes objetivos, o texto institui algumas diretrizes, como fomento a práticas que efetivamente reduzam as emissões de gases de efeito estufa e o estímulo a adoção de atividades e tecnologias de baixas emissões desses gases, além de padrões sustentáveis de produção e consumo.

---

43. "Artigo 16. A elaboração de plano estadual de resíduos sólidos, nos termos previstos por esta Lei, é condição para os Estados terem acesso a recursos da União, ou por ela controlados, destinados a empreendimentos e serviços relacionados à gestão de resíduos sólidos, ou para serem beneficiados por incentivos ou financiamentos de entidades federais de crédito ou fomento para tal finalidade".
44. "Artigo 18. A elaboração de plano municipal de gestão integrada de resíduos sólidos, nos termos previstos por esta Lei, é condição para o Distrito Federal e os Municípios terem acesso a recursos da União, ou por ela controlados, destinados a empreendimentos e serviços relacionados à limpeza urbana e ao manejo de resíduos sólidos, ou para serem beneficiados por incentivos ou financiamentos de entidades federais de crédito ou fomento para tal finalidade".
45. "V – lâmpadas fluorescentes, de vapor de sódio e mercúrio e de luz mista".
46. "VI – produtos eletroeletrônicos e seus componentes".
47. http://www.mma.gov.br/clima/politica-nacional-sobre-mudanca-do-clima

O Poder Executivo, seguindo as diretrizes da PNMC, estabelece os Planos setoriais de mitigação e adaptação à mudança do clima para a consolidação de uma economia de baixo consumo de carbono. Os Planos visam a atender metas gradativas de redução de emissões antrópicas quantificáveis e verificáveis, considerando diversos setores, como geração e distribuição de energia elétrica, transporte público urbano, indústria, serviços de saúde e agropecuária, considerando as especificidades de cada setor, inclusive por meio do Mecanismo de Desenvolvimento Limpo (MDL) e das Ações de Mitigação Nacionalmente Apropriadas (NAMAS).

Os instrumentos para sua execução são, entre outros: o Plano Nacional sobre Mudança do Clima, o Fundo Nacional sobre Mudança do Clima e a Comunicação do Brasil à Convenção-Quadro das Nações Unidas sobre Mudança do Clima.

É crescente no Brasil e no mundo a preocupação com as céleres mudanças climáticas, consistentes no aumento rápido da temperatura na Biosfera, especialmente em razão da emissão cada vez maior dos gases que causam o efeito estufa.[48]

Estima-se que é inevitável uma majoração de temperatura na Terra de 2°C, devendo ser adotadas medidas para impedir um avanço ainda maior, que poderá culminar com a morte de milhões ou mesmo de bilhões de pessoas, especialmente nas nações mais pobres.

Nesse sentido, o Brasil é signatário do Protocolo de Kyoto, que prevê metas de redução dos gases que causam o efeito estufa até 2012 (termo final que será prorrogado, conforme acordo das nações na COP 17, em 11 de dezembro de 2011), conquanto não integre o anexo I, que contém os países que deverão reduzir as suas emissões. Ou seja, o Brasil não assumiu, por ocasião da celebração do referido tratado, nenhum compromisso específico nesse sentido.

Conforme relatado pelo Comitê Interministerial sobre Mudança do Clima,

> "O aquecimento do planeta pela interferência humana, apesar de incerto quanto à sua magnitude, tornou-se um fato aceito pela comunidade científica. Para isto contribuiu o Quarto Relatório do Painel Intergovernamental sobre Mudança Climática (IPCC), publicado em 2007. Por ser global, o problema une a todos em torno de si, na busca por caminhos e soluções que permitam que a civilização continue a prosperar em sua trajetória futura.
>
> A mudança do clima é o resultado de um processo de acúmulo de gases de efeito estufa na atmosfera, que está em curso desde a revolução industrial. Os países apresentam diferentes responsabilidades históricas pelo fenômeno, segundo os volumes de suas emissões antrópicas. Isto contribui para a definição, hoje, de responsabilidades comuns porém diferenciadas,

---

48. Constituintes gasosos, naturais ou antrópicos, que, na atmosfera, absorvem e reemitem radiação infravermelha.

que norteiam, por um lado, as obrigações de países desenvolvidos e, por outro, de países em desenvolvimento no âmbito da Convenção-Quadro das Nações Unidas sobre Mudança do Clima. Cabe ao Brasil harmonizar suas ações nesse campo com os processos de crescimento socioeconômico, no marco do desenvolvimento sustentável".[49]

Em razão do fracasso da 15.ª Conferência das Nações Unidas sobre Mudança do Clima, realizada em Copenhague em dezembro de 2009, pois o acordo produzido não é vinculante,[50] não foram fixadas metas de redução a partir do ano de 2013, pois ainda se busca um consenso entre as nações para a celebração de um ajuste vinculante multilateral.

Foi nesse contexto que o Brasil aprovou a sua **Política Nacional de Mudança do Clima**[51] – **PNMC**, por intermédio da Lei 12.187, de 29.12.2009.

Entretanto, merece destaque a iniciativa pioneira do Estado do Amazonas, que já em 2007 editou a Lei 3.135, de 5 de junho, que instituiu a Política Estadual sobre Mudanças Climáticas, Conservação Ambiental e Desenvolvimento Sustentável no Amazonas, destacando-se a criação do Programa Bolsa Floresta, que prevê o pagamento por serviços ambientais em favor de famílias que residam em unidades de conservação e não promovam o desmatamento das áreas.

Para uma boa compreensão da Lei 12.187/2009, é necessária a apresentação de alguns **conceitos basilares**:

> I – **adaptação**: iniciativas e medidas para reduzir a vulnerabilidade dos sistemas naturais e humanos frente aos efeitos atuais e esperados da mudança do clima;
> II – **efeitos adversos da mudança do clima**: mudanças no meio físico ou biota resultantes da mudança do clima que tenham efeitos deletérios significativos sobre a composição, resiliência ou produtividade de ecossistemas naturais e manejados, sobre o funcionamento de sistemas socioeconômicos ou sobre a saúde e o bem-estar humanos;
> III – **emissões**: liberação de gases de efeito estufa ou seus precursores na atmosfera numa área específica e num período determinado;
> IV – **fonte**: processo ou atividade que libere na atmosfera gás de efeito estufa, aerossol ou precursor de gás de efeito estufa;
> V – **gases de efeito estufa**: constituintes gasosos, naturais ou antrópicos, que, na atmosfera, absorvem e reemitem radiação infravermelha;

---

49. Minuta do Plano Nacional sobre Mudança do Clima – versão para consulta pública.
50. Acordo de Copenhague.
51. Mudança de clima que possa ser direta ou indiretamente atribuída à atividade humana que altere a composição da atmosfera mundial e que se some àquela provocada pela variabilidade climática natural observada ao longo de períodos comparáveis.

VI – **impacto:** os efeitos da mudança do clima nos sistemas humanos e naturais;

VII – **mitigação:** mudanças e substituições tecnológicas que reduzam o uso de recursos e as emissões por unidade de produção, bem como a implementação de medidas que reduzam as emissões de gases de efeito estufa e aumentem os sumidouros;

VIII – **mudança do clima:** mudança de clima que possa ser direta ou indiretamente atribuída à atividade humana que altere a composição da atmosfera mundial e que se some àquela provocada pela variabilidade climática natural observada ao longo de períodos comparáveis;

IX – **sumidouro:** processo, atividade ou mecanismo que remova da atmosfera gás de efeito estufa, aerossol ou precursor de gás de efeito estufa; e

X – **vulnerabilidade:** grau de suscetibilidade e incapacidade de um sistema, em função de sua sensibilidade, capacidade de adaptação, e do caráter, magnitude e taxa de mudança e variação do clima a que está exposto, de lidar com os efeitos adversos da mudança do clima, entre os quais a variabilidade climática e os eventos extremos.

QUESTÃO DE CONCURSO
CONSULPLAN 2016 – ANALISTA DO TRF DA 2ª REGIÃO
Conforme os conceitos legais, entende-se por: I. Mitigação: as mudanças e substituições tecnológicas que reduzam o uso de recursos e as emissões por unidade de produção, bem como a implementação de medidas que reduzam as emissões de gases de efeito estufa e aumentem os sumidouros. II. Adaptação: as iniciativas e medidas para reduzir a vulnerabilidade dos sistemas naturais e humanos frente aos efeitos atuais e esperados da mudança do clima. III. Mudança do clima: as alterações que independem da atividade humana e que alterem a composição da atmosfera mundial, provocadas pela variabilidade climática natural observada ao longo de períodos comparáveis. Nos termos da Lei nº 12.187/2009, que instituí a Política Nacional sobre Mudança do Clima – PNMC, está(ão) correta(s) apenas a(s) afirmativa(s) A) I. B) II. C) III. D) I e II.
LETRA D

Finalmente, em 10.12.2010, foi publicado o Decreto 7.390, que regulamenta a Lei 12.187/2009, tornando aplicáveis vários dispositivos da Política Nacional sobre Mudança do Clima.

Vale destacar também que a Lei 12.533/2011 instituiu o **Dia Nacional de Conscientização sobre as Mudanças Climáticas**, a ser comemorado em 16 de março, com o objetivo de promover nas escolas atos, eventos, debates e mobilizações relacionados a medidas de proteção dos ecossistemas brasileiros.

A responsabilidade pela execução da PNMC será da União, dos estados, do Distrito Federal e dos municípios, assim como dos entes integrantes da Administração Pública Indireta.

Na execução das medidas dessa Política, **todos têm o dever de atuar** (o Poder Público e a sociedade) **em benefício das presentes e futuras gerações, para a redução dos impactos decorrentes das interferências antrópicas sobre o sistema climático**, sendo imprescindível que a população se conscientize sobre a real necessidade de participar ativamente do movimento, sob pena de sua ineficácia.

Por exemplo, o povo brasileiro poderá colaborar com o plantio de árvores, que têm o condão de sequestrar o carbono, pois o CO2 é absorvido no processo de fotossíntese.

Ademais, **serão tomadas medidas para prever, evitar ou minimizar as causas identificadas da mudança climática com origem antrópica no território nacional, sobre as quais haja razoável consenso por parte dos meios científicos e técnicos ocupados no estudo dos fenômenos envolvidos.**

Certamente uma das principais causas de emissão dos gases que causam o efeito estuda no Brasil são as queimadas, que devem ser cada vez mais controladas e restringidas, mediante medidas repressivas e principalmente preventivas.

Outrossim, **as medidas tomadas devem levar em consideração os diferentes contextos socioeconômicos de sua aplicação, distribuindo os ônus e encargos decorrentes entre os setores econômicos e as populações e comunidades interessadas de modo equitativo e equilibrado e sopesar as responsabilidades individuais quanto à origem das fontes emissoras e dos efeitos ocasionados sobre o clima.**

QUESTÃO DE CONCURSO
CESPE 2014 – ANALISTA LEGISLATIVO DA CÂMARA DOS DEPUTADOS
A Política Nacional de Mudança do Clima exige as mesmas obrigações a todos os setores econômicos, tendo em vista a vedação constitucional de discriminação entre diferentes atividades econômicas.
ERRADA

De efeito, a execução da PNMC gerará elevados gastos para a sociedade brasileira, tendo em conta a necessidade de adoção de novos métodos produtivos pela economia menos agressivos ao ambiente, devendo o ônus ser repartido equitativamente entre todos, com a ressalva de se evitar um agravamento das condições sociais das pessoas pobres, que não poderão sofrer uma discriminação negativa ambiental.

O desenvolvimento sustentável foi colocado como condição para enfrentar as alterações climáticas e conciliar o atendimento às necessidades comuns e particulares das populações e comunidades que vivem

no território nacional, pois é possível se conciliar o desenvolvimento econômico com a preservação ambiental, por meio da exploração inteligente dos recursos naturais, observando a capacidade de suporte de poluição pelos ecossistemas, mantendo a perenidade dos recursos naturais.

Com propriedade, com o intuito de promover a integração local na execução da PNMC, foi previsto que **as ações de âmbito nacional para o enfrentamento das alterações climáticas, atuais, presentes e futuras, devem considerar e integrar as ações promovidas no âmbito estadual e municipal por entidades públicas e privadas.**

Foi instituído um dever para as instituições financeiras oficiais, que deverão disponibilizar linhas de crédito e financiamento específicas para desenvolver ações e atividades que atendam aos objetivos da Lei 12.187/2009 voltadas para induzir a conduta dos agentes privados à observância e execução da PNMC, no âmbito de suas ações e responsabilidades sociais.

Uma série de princípios ambientais foi arrolada pelo artigo 3.º, da Lei 12.187/2009: **da precaução, da prevenção, da participação cidadã, do desenvolvimento sustentável e das responsabilidades comuns, porém diferenciadas, este último no âmbito internacional.**

Foram instituídos pelo legislador objetivos para a consecução da PNMC, que deverão estar em consonância com o desenvolvimento sustentável a fim de buscar o crescimento econômico, a erradicação da pobreza e a redução das desigualdades sociais.

A PNMC visará à **compatibilização do desenvolvimento econômico-social com a proteção do sistema climático e à redução das emissões antrópicas de gases de efeito estufa em relação às suas diferentes fontes.**

Deveras, não será mais possível a utilização de meios de produção arcaicos, com grande produção de CO_2, CH_4, N_2O, HFCS, PFCS e SF_6, que devem ser substituídos progressivamente por tecnologias "limpas", mesmo que tenham um custo maior para a sociedade.

Também é objetivo da PNMC **o fortalecimento das remoções antrópicas por sumidouros de gases de efeito estufa no território nacional**, assim considerados os processos, atividades ou mecanismos que removam da atmosfera gás de efeito estufa, aerossol ou precursor de gás de efeito estufa, a exemplo do plantio de árvores, que deve sofrer incentivos governamentais.

Da mesma forma, a citada Política visará à **implementação de medidas para promover a adaptação à mudança do clima pelas três esferas da Federação, com a participação e a colaboração dos agentes econômicos e sociais interessados ou beneficiários, em particular aqueles especialmente vulneráveis aos seus efeitos adversos.**

Este objetivo torna claro que a efetividade da PNMC dependerá de uma cooperação entre todos os entes políticos em conjunto com a sociedade, visando minorar os efeitos adversos das mudanças climáticas,[52] especialmente aos mais indefesos.

Também serão necessárias **a preservação, a conservação e a recuperação dos recursos ambientais, com particular atenção aos grandes biomas naturais tidos como Patrimônio Nacional.**

De efeito, de acordo com o artigo 225, § 4.º, da Constituição Federal, a Floresta Amazônica brasileira, a Mata Atlântica, a Serra do Mar, o Pantanal Mato-Grossense e a Zona Costeira são patrimônios nacionais, e sua utilização far-se-á, na forma da lei, dentro de condições que assegurem a preservação do meio ambiente, inclusive quanto ao uso dos recursos naturais.

Atualmente, após a Mata Atlântica, que apenas possui resquícios no território brasileiro, o Cerrado é o Bioma mais ameaçado, fruto de uma exploração antrópica irracional.

Outrossim, são imprescindíveis **a consolidação e a expansão das áreas legalmente protegidas e o incentivo aos reflorestamentos e à recomposição da cobertura vegetal em áreas degradadas.**

Este objetivo será alcançado por meio da instituição de novos espaços territoriais ambientais especialmente protegidos pelo Poder Público, notadamente as unidades de conservação, bem como pela adoção de medidas de incentivo ao reflorestamento das áreas de preservação permanente e das reservas legais.

Por fim, a PNMC visará ao **estímulo ao desenvolvimento do Mercado Brasileiro de Redução de Emissões – MBRE**, que será operacionalizado em bolsas de mercadorias e futuros, bolsas de valores e entidades de balcão organizado, autorizadas pela Comissão de Valores Mobiliários – CVM, em que se dará a negociação de títulos mobiliários representativos de emissões de gases de efeito estufa evitadas certificadas.

Sobre o MBRE, colaciona-se explicativa notícia extraída da internet:[53]

> "O *Mercado Brasileiro de Redução de Emissões* é resultado de uma iniciativa conjunta do Ministério de Desenvolvimento Indústria e Comércio Exterior (MDIC) e da Bolsa de Mercadorias e Futuros (BM&F), visando estruturar a negociação em bolsa de créditos de carbono, oriundos de projetos de MDL. O mercado, lançado em São Paulo em 6 de dezembro de 2004, é o primeiro desse tipo em um país em desenvolvimento. O MBRE tornou-se operacional em setembro de 2005 com um Banco de Projetos, que pretende dar visibilidade e facilitar a comercialização de Projetos de MDL (poten-

---

52. Efeitos adversos da mudança do clima: mudanças no meio físico ou biota resultantes da mudança do clima que tenham efeitos deletérios significativos sobre a composição, resiliência ou produtividade de ecossistemas naturais e manejados, sobre o funcionamento de sistemas socioeconômicos ou sobre a saúde e o bem-estar humanos.
53. Disponível em: <http://www.mudancasclimaticas.andi.org.br/content/mercado-brasileiro-de-reducao-de-emissoes-mbre>.

ciais e já estruturados). Sua função econômica é a de atrair investimentos diretos do exterior, que contribuem para o desenvolvimento econômico; estimular projetos de tecnologia limpa; e tornar o país uma referência no mercado internacional, no que se refere aos instrumentos ambientais. Para assegurar a qualidade e consistência dos projetos, a BM&F firmou convênio com institutos de pesquisa e ensino com especialização no tema, para revisão e aprovação das intenções de projetos submetidos a registro, devendo as intenções de cada projeto estar de acordo com a metodologia do *Protocolo de Quioto*. O MBRE conta com um *Sistema de Registro de Contratos a Termo de Reduções Certificadas*, na Bolsa de Valores do Rio de Janeiro (BVRJ), com o objetivo de dar credibilidade e transparência às negociações do mercado de carbono; e um *Programa de Capacitação de Curto Prazo de Participantes do Mercado*. O MBRE foi criado para facilitar o acesso de médios empresários a um mercado relativamente complexo, por causa de exigências como o registro de projetos de MDLs no Conselho Executivo do *Protocolo de Quioto*, sediado na Alemanha".

Uma série de diretrizes foi posta no artigo 5.º, da Lei 12.187/2009, a serem observadas na execução da PNMC:

"I – os compromissos assumidos pelo Brasil na Convenção-Quadro das Nações Unidas sobre Mudança do Clima, no Protocolo de Quioto e nos demais documentos sobre mudança do clima dos quais vier a ser signatário;

II – as ações de mitigação da mudança do clima em consonância com o desenvolvimento sustentável, que sejam, sempre que possível, mensuráveis para sua adequada quantificação e verificação *a posteriori*;

III – as medidas de adaptação para reduzir os efeitos adversos da mudança do clima e a vulnerabilidade dos sistemas ambiental, social e econômico;

IV – as estratégias integradas de mitigação e adaptação à mudança do clima nos âmbitos local, regional e nacional;

V – o estímulo e o apoio à participação dos governos federal, estadual, distrital e municipal, assim como do setor produtivo, do meio acadêmico e da sociedade civil organizada, no desenvolvimento e na execução de políticas, planos, programas e ações relacionados à mudança do clima;

VI – a promoção e o desenvolvimento de pesquisas científico-tecnológicas, e a difusão de tecnologias, processos e práticas orientados a:

a) mitigar a mudança do clima por meio da redução de emissões antrópicas por fontes e do fortalecimento das remoções antrópicas por sumidouros de gases de efeito estufa;

b) reduzir as incertezas nas projeções nacionais e regionais futuras da mudança do clima;

c) identificar vulnerabilidades e adotar medidas de adaptação adequadas;

VII – a utilização de instrumentos financeiros e econômicos para promover ações de mitigação e adaptação à mudança do clima, observado o disposto no artigo 6.º;

VIII – a identificação, e sua articulação com a Política prevista nesta Lei, de instrumentos de ação governamental já estabelecidos aptos a contribuir para proteger o sistema climático;

IX – o apoio e o fomento às atividades que efetivamente reduzam as emissões ou promovam as remoções por sumidouros de gases de efeito estufa;

X – a promoção da cooperação internacional no âmbito bilateral, regional e multilateral para o financiamento, a capacitação, o desenvolvimento, a transferência e a difusão de tecnologias e processos para a implementação de ações de mitigação e adaptação, incluindo a pesquisa científica, a observação sistemática e o intercâmbio de informações;

XI – o aperfeiçoamento da observação sistemática e precisa do clima e suas manifestações no território nacional e nas áreas oceânicas contíguas;

XII – a promoção da disseminação de informações, a educação, a capacitação e a conscientização pública sobre mudança do clima;

XIII – o estímulo e o apoio à manutenção e à promoção:

a) de práticas, atividades e tecnologias de baixas emissões de gases de efeito estufa;

b) de padrões sustentáveis de produção e consumo".

De efeito, é preciso que a PNMC observe os tratados internacionais climáticos celebrados pelo Brasil, especialmente a Convenção-Quadro das Nações Unidas sobre Mudança do Clima e o Protocolo de Kyoto.

Chama a atenção a diretriz que determina o apoio e o fomento às atividades que efetivamente reduzam as emissões ou promovam as remoções por sumidouros de gases de efeito estufa, tendo em conta a necessidade de o Poder Público fomentar as ações humanas que reduzam o lançamento dos gases que causam o efeito estufa, podendo ser utilizados créditos subsidiados, redução de tributos ou mesmo isenções.

A *cooperação internacional* também é medida imprescindível ao controle das mudanças climáticas, pois iniciativas isoladas serão ineficazes ao controle da temperatura no planeta Terra, não só com a redução das emissões dos gases, mas também com a transferência gratuita de tecnologias "limpas" dos países ricos aos pobres.

A *transferência de informações* e a *educação ambiental* são indispensáveis para a conscientização dos povos sobre o real perigo de catástrofes em um futuro próximo, com o intuito de engajar a todos na luta pelo controle climático.

As economias das nações deverão se adaptar à realidade que impede o crescimento econômico ilimitado, pois há um banco dos recursos naturais limitados na produção de produtos e prestação de serviços negativamente impactantes ao ambiente, de modo que é preciso se chegar a padrões sustentáveis de produção e consumo.

O artigo 6.º, da Lei 12.187/2009, lista o rol de instrumentos de execução da PNMC:

"I – o Plano Nacional sobre Mudança do Clima;

II – o Fundo Nacional sobre Mudança do Clima;

III – os Planos de Ação para a Prevenção e Controle do Desmatamento nos biomas;

IV – a Comunicação Nacional do Brasil à Convenção-Quadro das Nações Unidas sobre Mudança do Clima, de acordo com os critérios estabelecidos por essa Convenção e por suas Conferências das Partes;

V – as resoluções da Comissão Interministerial de Mudança Global do Clima;

VI – as medidas fiscais e tributárias destinadas a estimular a redução das emissões e remoção de gases de efeito estufa, incluindo alíquotas diferenciadas, isenções, compensações e incentivos, a serem estabelecidos em lei específica;

VII – as linhas de crédito e financiamento específicas de agentes financeiros públicos e privados;

VIII – o desenvolvimento de linhas de pesquisa por agências de fomento;

IX – as dotações específicas para ações em mudança do clima no orçamento da União;

X – os mecanismos financeiros e econômicos referentes à mitigação da mudança do clima e à adaptação aos efeitos da mudança do clima que existam no âmbito da Convenção-Quadro das Nações Unidas sobre Mudança do Clima e do Protocolo de Quioto;

XI – os mecanismos financeiros e econômicos, no âmbito nacional, referentes à mitigação e à adaptação à mudança do clima;

XII – as medidas existentes, ou a serem criadas, que estimulem o desenvolvimento de processos e tecnologias, que contribuam para a redução de emissões e remoções de gases de efeito estufa, bem como para a adaptação, dentre as quais o estabelecimento de critérios de preferência nas licitações e concorrências públicas, compreendidas aí as parcerias público-privadas e a autorização, permissão, outorga e concessão para exploração de serviços públicos e recursos naturais, para as propostas que propiciem maior economia de energia, água e outros recursos naturais e redução da emissão de gases de efeito estufa e de resíduos;

XIII – os registros, inventários, estimativas, avaliações e quaisquer outros estudos de emissões de gases de efeito estufa e de suas fontes, elaborados com base em informações e dados fornecidos por entidades públicas e privadas;

XIV – as medidas de divulgação, educação e conscientização;

XV – o monitoramento climático nacional;

XVI – os indicadores de sustentabilidade;

XVII – o estabelecimento de padrões ambientais e de metas, quantificáveis e verificáveis, para a redução de emissões antrópicas por fontes e para as remoções antrópicas por sumidouros de gases de efeito estufa;

XVIII – a avaliação de impactos ambientais sobre o microclima e o macroclima".

> **IMPORTANTE**
>
> O **Plano Nacional sobre Mudança do Clima** será o plano diretor de execução da PNMC. Mesmo antes da sua previsão legal, foi editado o Decreto 6.263/2007, que instituiu o Comitê Interministerial sobre Mudança do Clima, sendo criado no seu âmbito o Grupo Executivo sobre Mudança do Clima, com a finalidade de elaborar, implementar, monitorar e avaliar o Plano Nacional sobre Mudança do Clima.

Deveras, o Plano Nacional sobre Mudança do Clima definirá ações e medidas que visem à mitigação da mudança do clima, bem como à adaptação à mudança do clima, e será estruturado em quatro eixos temáticos: I – mitigação; II – vulnerabilidade, impacto e adaptação; III – pesquisa e desenvolvimento; e IV – capacitação e divulgação.

A estratégia de elaboração do Plano Nacional sobre Mudança do Clima deverá prever a realização de consultas públicas, para manifestação dos movimentos sociais, das instituições científicas e de todos os demais agentes interessados no tema, com a finalidade de promover a transparência do processo de elaboração e de implementação do Plano, tendo sido disponibilizada uma versão para consulta pública em setembro de 2008.

> **IMPORTANTE**
>
> Outro instrumento de execução da PNMC que merece destaque é o **Fundo Nacional sobre Mudança do Clima – FNMC**, criado pela Lei 12.114, de 09.12.2009, de natureza contábil, vinculado ao Ministério do Meio Ambiente, com a finalidade de assegurar recursos para apoio a projetos ou estudos e financiamento de empreendimentos que visem à mitigação da mudança do clima e à adaptação à mudança do clima e aos seus efeitos.

Os seus recursos serão aplicados em *apoio financeiro reembolsável*, mediante concessão de empréstimo, por intermédio do agente operador ou em *apoio financeiro, não reembolsável*, a projetos relativos à mitigação da mudança do clima ou à adaptação à mudança do clima e aos seus efeitos, aprovados pelo Comitê Gestor do FNMC, conforme diretrizes previamente estabelecidas pelo Comitê.

Sobre o FNMC, se colaciona notícia extraída do sítio do Ministério do Meio Ambiente:

> "Fundo Clima é o primeiro do mundo a usar recursos do petróleo e está com R$ 200 milhões garantidos para ações de mitigação e adaptações aos efeitos das mudanças climáticas no Brasil em 2011

18.08.2010

Carlos Américo
O Fundo Nacional de Mudanças Climáticas já tem garantidos R$ 200 milhões para investimento em ações de mitigação e adaptação aos efeitos das mudanças climáticas no Brasil em 2011. A informação é da secretária de Mudanças Climáticas e Qualidade Ambiental do Ministério do Meio Ambiental, Branca Americano, e foi dada nesta quarta-feira (18), durante mesa redonda Estratégias de Financiamento para o Desenvolvimento Sustentável da Região Semiárida, na II Conferência Internacional: Clima, Sustentabilidade e Desenvolvimento em Regiões Semiáridas (Icid 2010).
A secretária explicou aos participantes que o chamado Fundo Clima terá recursos garantidos todos os anos. '60% dos recursos serão do petróleo. Isso não implicou em nova carga tributária. Era um dinheiro que já existia. Então, foi mudada a lei do petróleo sobre impactos ambientais, que agora direciona parte dos recursos para esse fundo', disse. Segundo a secretária, o comitê gestor do fundo será instalado ainda neste ano.
O Fundo Clima foi criado no final do ano passado e é o primeiro do mundo a usar recursos do petróleo no combate às mudanças climáticas. Com um orçamento que poderá chegar a R$ 1 bilhão por ano, o dinheiro será aplicado em pesquisas e ações de mitigação e adaptação às mudanças climáticas, ajudando regiões vulneráveis, como a região semiárida, que sofre com a seca, e os litorais, com risco de alagamento".[54]

Será editado decreto federal que aprovará os Planos setoriais de mitigação e de adaptação às mudanças climáticas visando à consolidação de uma economia de baixo consumo de carbono, na geração e distribuição de energia elétrica, no transporte público urbano e nos sistemas modais de transporte interestadual de cargas e passageiros, na indústria de transformação e na de bens de consumo duráveis, nas indústrias de química fina e de base, na indústria de papel e celulose, na mineração, na indústria da construção civil, nos serviços de saúde e na agropecuária, com vistas a atender metas gradativas de redução de emissões antrópicas quantificáveis e verificáveis, considerando as especificidades de cada setor, inclusive por meio do Mecanismo de Desenvolvimento Limpo e das Ações de Mitigação Nacionalmente Apropriadas.

O artigo 7.º, da Lei 12.187/2009, ainda previu os seguintes instrumentos institucionais para a atuação da Política Nacional de Mudança do Clima:

"I – o Comitê Interministerial sobre Mudança do Clima;[55]

---

54. Disponível em: <http://www.mma.gov.br/sitio/index.php?ido=ascom.noticiaMMA&pag=2&>.
55. É coordenado pela Casa Civil da Presidência da República, sendo composto por dezessete órgãos federais, incluindo a Casa Civil, e o Fórum Brasileiro de Mudanças Climáticas – FBMC.

II – a Comissão Interministerial de Mudança Global do Clima;
III – o Fórum Brasileiro de Mudança do Clima;
IV – a Rede Brasileira de Pesquisas sobre Mudanças Climáticas Globais – Rede Clima;
V – a Comissão de Coordenação das Atividades de Meteorologia, Climatologia e Hidrologia".

O *Comitê Interministerial sobre Mudança do Clima – CIM*, criado pelo Decreto 6.263/2007, tem a função de elaborar a Política Nacional sobre Mudança do Clima e o Plano Nacional sobre Mudança do Clima.

Já a *Comissão Interministerial de Mudança Global do Clima* foi instituída pelo Decreto de 7 de julho de 1999, alterado pelo Decreto de 10 de janeiro de 2006, tendo a finalidade de articular as ações de governo decorrentes da Convenção-Quadro das Nações Unidas sobre Mudança do Clima e seus instrumentos subsidiários de que o Brasil seja parte.

Por sua vez, o *Fórum Brasileiro de Mudanças Climáticas*, criado pelo Decreto 3.515, de 20 de junho de 2000, tem por objetivo conscientizar e mobilizar a sociedade para a discussão e tomada de posição sobre os problemas decorrentes da mudança do clima por gases de efeito estufa, bem como sobre o Mecanismo de Desenvolvimento Limpo (MDL) definido no artigo 12, do Protocolo de Quioto à Convenção-Quadro das Nações Unidas sobre Mudança do Clima.[56]

A *Rede Brasileira de Pesquisas sobre Mudanças Climáticas Globais (Rede CLIMA)* foi instituída pelo Ministério de Ciência e Tecnologia no final de 2007 e tem como objetivo principal gerar e disseminar conhecimentos para que o Brasil possa responder aos desafios representados pelas causas e efeitos das mudanças climáticas globais.[57]

A *Comissão de Coordenação das Atividades de Meteorologia, Climatologia e Hidrologia – CMCH* foi criada pelo Decreto 6.065/2007, sendo órgão colegiado integrante da estrutura básica do Ministério da Ciência e Tecnologia, que tomará decisões de caráter deliberativo sobre a formulação de políticas e ações em Meteorologia, Climatologia e Hidrologia, no âmbito da sua competência.

Os órgãos federais que o compõem são: Ministério da Agricultura, Pecuária e Abastecimento, Ministério da Ciência e Tecnologia, Ministério da Defesa, Ministério da Educação, Ministério da Fazenda, Ministério da Integração Nacional, Ministério da Saúde, Ministério das Cidades, Ministério das Relações Exteriores, Ministério de Minas e Energia, Ministério do Desenvolvimento Agrário, Ministério do Desenvolvimento, Indústria e Comércio Exterior, Ministério do Meio Ambiente, Ministério do Planejamento, Orçamento e Gestão, Ministério dos Transportes, e Núcleo de Assuntos Estratégicos da Presidência da República.
56. Disponível em: <http://www.forumclima.org.br/index.php/o-forum/o-que-e>.
57. Disponível em: <http://www.ccst.inpe.br/redeclima>.

> **IMPORTANTE**
>
> O Brasil instituiu a sua própria meta de redução dos gases que causam o efeito estufa. De acordo com o artigo 12, da Lei 12.187/2009, para alcançar os objetivos da Política Nacional sobre Mudança do Clima, o país adotará, como compromisso nacional voluntário, ações de mitigação das emissões de gases de efeito estufa, com vistas a **reduzir entre 36,1% e 38,9% suas emissões projetadas até 2020**.

QUESTÃO DE CONCURSO
CESPE 2016 – TÉCNICO DO TRE PERNAMBUCO
A respeito da Agenda Ambiental da Administração Pública (A3P) e das políticas relacionadas ao clima e aos resíduos sólidos, assinale a opção correta.   A) Visando alcançar os objetivos traçados na Política Nacional sobre Mudança do Clima, o Brasil adotou voluntariamente o compromisso de promover ações de mitigação das emissões de gases de efeito estufa.   B) A lei que institui a Política Nacional de Resíduos Sólidos não alcança as pessoas de direito privado, mas aplica-se a todas as pessoas jurídicas de direito público responsáveis pela geração de resíduos sólidos.   C) A utilização de tecnologias para a recuperação energética dos resíduos sólidos urbanos independe de comprovação de viabilidade técnica e ambiental.   D) A gestão e o gerenciamento de resíduos sólidos compreendem a não geração e a redução, mas não a reutilização, dadas a natureza e a composição desses resíduos.   E) A A3P deve ser obrigatoriamente observada na elaboração do Plano de Logística Sustentável da Justiça Eleitoral.
LETRA A

QUESTÃO DE CONCURSO
CESPE 2014 – ANALISTA LEGISLATIVO DA CÂMARA DOS DEPUTADOS
O Brasil, em cumprimento às obrigações decorrentes do Protocolo de Quioto, editou a Política Nacional de Mudança do Clima para cumprir o seu compromisso de redução de 2% das emissões de gases de efeito estufa no país.
ERRADA

Entretanto, esse dispositivo não é autoaplicável, pois depende da edição de decreto que disponha sobre a projeção das emissões para 2020, assim como o detalhamento das ações para alcançar o objetivo expresso, tendo por base o segundo Inventário Brasileiro de Emissões e Remoções Antrópicas de Gases de Efeito Estufa não Controlados pelo Protocolo de Montreal, a ser concluído em 2010.

Com o advento do Decreto 7.390, de 10.12.2010, que regulamenta a Política Nacional de Mudança do Clima, finalmente foram projetadas as emissões para o ano de 2020 e detalhadas as ações a serem adotadas.

O Inventário Nacional de Emissões e Remoções Antrópicas de Gases de Efeito Estufa não controlados pelo Protocolo de Montreal (Inventário) é parte da Comunicação Nacional à Convenção Quadro da ONU sobre Mudança do Clima (Convenção de Mudança do Clima), sendo um dos principais compromissos de todos os países signatários da Convenção de Mudança do Clima.[58]

De acordo com o Decreto 7.390/2010, **a projeção das emissões nacionais de gases do efeito estufa para o ano de 2020 é de 3.236 milhões tonCO$_2$eq,**[59] conforme o detalhamento metodológico descrito no Anexo do referido ato regulamentar.

Assim, para alcançar o compromisso nacional voluntário de que trata o artigo 12, da Lei 12.187/2009, serão implementadas ações que almejem reduzir entre 1.168 milhões de tonCO$_2$eq e 1.259 milhões de tonCO$_2$eq do total das emissões estimadas.

Ou seja, em 2020, o Brasil se comprometeu a emitir, no máximo, 2,1 bilhões de toneladas de CO2 por ano.

Para atingir essa audaciosa meta, serão considerados os seguintes planos de ação para a prevenção e controle do desmatamento nos biomas e planos setoriais de mitigação e de adaptação às mudanças climáticas:

I – Plano de Ação para a Prevenção e Controle do Desmatamento na Amazônia Legal – PPCDAm;

II – Plano de Ação para a Prevenção e Controle do Desmatamento e das Queimadas no Cerrado – PPCerrado;

III – Plano Decenal de Expansão de Energia – PDE;

IV – Plano para a Consolidação de uma Economia de Baixa Emissão de Carbono na Agricultura; e

V – Plano de Redução de Emissões da Siderurgia.

Serão adotadas as seguintes ações específicas para atingir a referida meta de redução:

I – redução de 80% dos índices anuais de desmatamento na Amazônia Legal em relação à média verificada entre os anos de 1996 a 2005;

II – redução de 40% dos índices anuais de desmatamento no Bioma Cerrado em relação à média verificada entre os anos de 1999 a 2008;

---

58. Disponível em: <http://www.oc.org.br/cms/arquivos/inventa%C2%A1rio_emissa%C2%B5es_gee-valores_preliminares-25-11-2009.pdf>.
59. I – Mudança de Uso da Terra: 1.404 milhões de tonCO$_2$eq; II – Energia: 868 milhões de tonCO$_2$eq; III – Agropecuária: 730 milhões de tonCO$_2$eq; e IV – Processos Industriais e Tratamento de Resíduos: 234 milhões de tonCO$_2$eq.

III – expansão da oferta hidroelétrica, da oferta de fontes alternativas renováveis, notadamente centrais eólicas, pequenas centrais hidroelétricas e bioeletricidade, da oferta de biocombustíveis, e incremento da eficiência energética;

IV – recuperação de 15 milhões de hectares de pastagens degradadas;

V – ampliação do sistema de integração lavoura-pecuária-floresta em 4 milhões de hectares;

VI – expansão da prática de plantio direto na palha em 8 milhões de hectares;

VII – expansão da fixação biológica de nitrogênio em 5,5 milhões de hectares de áreas de cultivo, em substituição ao uso de fertilizantes nitrogenados;

VIII – expansão do plantio de florestas em 3 milhões de hectares;

IX – ampliação do uso de tecnologias para tratamento de 4,4 milhões de m^3 de dejetos de animais; e

X – incremento da utilização na siderurgia do carvão vegetal originário de florestas plantadas e melhoria na eficiência do processo de carbonização.

Por fim, para fins de acompanhamento do cumprimento da meta, **serão publicadas, a partir de 2012, estimativas anuais de emissões de gases de efeito estufa no Brasil** em formato apropriado para facilitar o entendimento por parte dos segmentos da sociedade interessados.

O novo Código Florestal brasileiro, que foi aprovado pela Lei 12.651/2012, demonstrou em diversas passagens a preocupação com as mudanças climáticas no Planeta Terra, especialmente no que concerne à prevenção e repressão aos incêndios, que produzem os gases de carbono, bem como na previsão de incentivos para premiar medidas de redução dos gases causadores do efeito estufa.

Foram identificados os seguintes dispositivos:

A) Artigo 40 – Ao determinar a aprovação pela União da Política Nacional de Manejo e Controle de Queimadas, Prevenção e Combate aos Incêndios Florestais, foram previstos instrumentos para a análise dos impactos das queimadas sobre as mudanças climáticas, bem como a observância dos cenários de mudanças climáticas;

B) Artigo 41 – Ao prever a aprovação pela União do Programa de Apoio e Incentivo à Conservação do Meio Ambiente, foi arrolada a linha de ação consistente no pagamento pelos serviços ambientais que envolvam o sequestro, a conservação, a manutenção, o aumento do estoque e a diminuição do fluxo de carbono; e a regulação do clima;

C) Artigo 41 – As atividades de manutenção das Áreas de Preservação Permanente, de Reserva Legal e de uso restrito são elegíveis para quaisquer pagamentos ou incentivos por serviços ambientais, configurando adicionalidade para fins de mercados nacionais e internacionais de reduções de emissões certificadas de gases de efeito estufa.

Por tudo isso, nota-se que a nova legislação florestal brasileira está alinhada com a Política Nacional de Mudança do Clima, que foi citada no artigo 1.º-A, inciso V, da Lei 12.651/2012, que trata da principiologia do novo CFlo.

QUESTÃO DE CONCURSO
CESPE 2014 – ANALISTA LEGISLATIVO DA CÂMARA DOS DEPUTADOS
Cada estado da Federação é obrigado a implementar um registro estadual das emissões de gases de efeito estufa e de suas fontes realizadas pelas empresas estabelecidas em seu território.
ERRADA (sem previsão legal)

QUESTÃO DE CONCURSO
CESPE 2016 – ANALISTA DO TRE PERNAMBUCO
Com base no disposto pela Política Nacional sobre Mudanças do Clima (PNMC) e pela Resolução n.º 23.474/2016 do TSE, assinale a opção correta.
A) As instituições financeiras oficiais disponibilizarão linhas de crédito e financiamento voltadas especificamente a órgãos e entidades públicas, visando à observância e à execução da PNMC.
B) A PNMC visa, entre outros objetivos, ao abandono do uso de fontes energéticas que utilizem combustíveis fósseis.
C)Os ônus e encargos decorrentes das medidas a serem adotadas no âmbito da PNMC devem ser distribuídos entre os setores econômicos, devendo ser eximidas dessa responsabilidade as populações e comunidades interessadas.
D) A implementação de processo judicial eletrônico e a informatização dos processos e procedimentos administrativos guardam relação com o uso sustentável de recursos naturais, com o combate ao desperdício e com o consumo consciente de materiais.
E) Em razão da repartição de competências federativas, as diretrizes da PNMC restringem-se ao apoio à participação do governo federal na execução de programas e ações relacionados a mudanças climáticas, cabendo aos governos estaduais e municipais estabelecer, de modo independente, suas próprias estratégias.
LETRA D

1.12. REGRAS DE SUSTENTABILIDADE NO ESTATUTO DAS EMPRESAS ESTATAIS

Coube à Lei 13.303, de 30/6/2016, dispor sobre o estatuto jurídico da empresa pública, da sociedade de economia mista e de suas subsidiárias, no âmbito da União, dos Estados, do Distrito Federal e dos Municípios, passando a ser conhecida como o Estatuto das Estatais.

Neste item o nosso objetivo é apenas apresentar as regras de sustentabilidade ambiental constantes do Estatuto das Estatais, lembrando apenas que o Decreto 7.746/2012 já abarcava as empresas públicas e sociedades de economia mista, pois estabeleceu critérios, práticas e diretrizes gerais para a promoção do desenvolvimento nacional sustentável por meio das contratações realizadas pela administração pública federal direta, autárquica e fundacional e pelas empresas estatais dependentes.

De efeito, a empresa pública e a sociedade de economia mista **deverão**, nos termos da lei, adotar práticas de sustentabilidade ambiental e de responsabilidade social corporativa compatíveis com o mercado em que atuam[60].

Note-se que se trata de regra impositiva, pois usada a expressão "deverá", diferentemente da regra facultativa do Decreto 7.746/2012, que manejou a expressão "poderá"[61], configurando um nítido avanço ambiental.

Ademais, na contratação de obras e serviços, inclusive de **engenharia**, poderá ser estabelecida **remuneração variável vinculada ao desempenho do contratado**, com base em metas, padrões de qualidade, critérios de sustentabilidade ambiental e prazos de entrega definidos no instrumento convocatório e no contrato.

O **anteprojeto de engenharia**[62] deverá conter parâmetros de adequação ao interesse público, à economia na utilização, à facilidade na execução, **aos impactos ambientais** e à acessibilidade.

O **projeto básico**[63] deve ser elaborado com base nas indicações dos estudos técnicos preliminares, que assegure a viabilidade técnica **e o adequado tratamento do impacto ambiental do empreendimento** e que possibilite a avaliação do custo da obra e a definição dos métodos e do prazo de execução.

Na participação em sociedade empresarial em que a empresa pública, a sociedade de economia mista e suas subsidiárias não detenham o controle acionário, essas deverão adotar, no dever de fiscalizar, práticas de governança e controle proporcionais à relevância, à materialidade e aos riscos do negócio do qual são partícipes, considerando o relatório de cumprimento, nos negócios da sociedade, de condicionantes socioambientais estabelecidas pelos órgãos ambientais[64].

É **dispensável** a realização de **licitação** por empresas públicas e sociedades de economia mista na contratação de coleta, processamento e comercialização de resíduos sólidos urbanos recicláveis ou reutilizáveis, em áreas com sistema de coleta seletiva de lixo, efetuados por associações ou cooperativas formadas exclusivamente por pessoas físicas de baixa renda que tenham como ocupação econômica a coleta de materiais recicláveis, com

---

60. Artigo 27, §2º, da Lei 13.303/2016.
61. Art. 2º A administração pública federal direta, autárquica e fundacional e as empresas estatais dependentes **poderão** adquirir bens e contratar serviços e obras considerando critérios e práticas de sustentabilidade objetivamente definidos no instrumento convocatório, conforme o disposto neste Decreto.
62. Peça técnica com todos os elementos de contornos necessários e fundamentais à elaboração do projeto básico.
63. Conjunto de elementos necessários e suficientes, com nível de precisão adequado, para caracterizar a obra ou o serviço, ou o complexo de obras ou de serviços objeto da licitação.
64. Artigo 1º, §7º, inciso VIII, da Lei 13.303/2016.

o uso de equipamentos compatíveis com as normas técnicas, ambientais e de saúde pública, nos termos do artigo 29, inciso XII, da Lei 13.303/2016.

Ademais, nas licitações abertas e contratações formadas pelas estatais deverá ser observada como diretriz de sustentabilidade a busca da maior vantagem competitiva para a empresa pública ou sociedade de economia mista, considerando custos e benefícios, diretos e indiretos, de natureza econômica, social **ou ambiental, inclusive os relativos à manutenção, ao desfazimento de bens e resíduos,** ao índice de depreciação econômica e a outros fatores de igual relevância, devendo ainda ser respeitadas as seguintes regras de proteção ambiental[65]:

> I – disposição final ambientalmente adequada dos resíduos sólidos gerados pelas obras contratadas;
> II – mitigação dos danos ambientais por meio de medidas condicionantes e de compensação ambiental, que serão definidas no procedimento de licenciamento ambiental;
> III – utilização de produtos, equipamentos e serviços que, comprovadamente, reduzam o consumo de energia e de recursos naturais;
> IV – avaliação de impactos de vizinhança, na forma da legislação urbanística;
> V – proteção do patrimônio cultural, histórico, arqueológico e imaterial, inclusive por meio da avaliação do impacto direto ou indireto causado por investimentos realizados por empresas públicas e sociedades de economia mista;
> VI – acessibilidade para pessoas com deficiência ou com mobilidade reduzida.

Por sua vez, a contratação a ser celebrada por empresa pública ou sociedade de economia mista da qual decorra impacto negativo sobre bens do **patrimônio cultural**, histórico, arqueológico e imaterial tombados dependerá de autorização da esfera de governo encarregada da proteção do respectivo patrimônio, devendo o impacto ser compensado por meio de medidas determinadas pelo dirigente máximo da empresa pública ou sociedade de economia mista, na forma da legislação aplicável.

De arremate, a empresa pública e a sociedade de economia mista, na licitação para aquisição de bens, poderão solicitar a **certificação** da qualidade do produto ou do processo de fabricação, inclusive sob o aspecto **ambiental**, por instituição previamente credenciada[66].

---

65. Artigo 32, da Lei 13.303/2016.
66. Artigo 47, III, da Lei 13.303/2016.

PARTE 2

ATOS REGULAMENTARES ESPECÍFICOS DA ADMINISTRAÇÃO PÚBLICA SOBRE A SUSTENTABILIDADE

Nesta segunda parte o objetivo é abordar regras vinculantes ou não obrigatórias constituídas pela Administração Pública para a adoção de práticas sustentáveis na gestão da coisa pública, considerando que o Poder Público como um todo é o maior consumidor de bens e serviços no Brasil.

A adoção de regras de proteção ambiental nas licitações, a redução, reutilização e reciclagem dos resíduos sólidos, a redução no consumo de água e de energia, a aquisição de produtos e contratação de serviços com menor impacto ambiental são apenas algumas boas práticas ecológicas adotadas pelo Poder Público e que refletem positivamente no setor privado.

Assim, a partir do momento em que a Administração Pública, quer em suas relações internas, quer nas externas, adota e exige a adoção de práticas sustentáveis, esta postura acaba refletindo positivamente em toda a sociedade objetivando fomentar um desenvolvimento econômico sustentável.

2.1. AGENDA AMBIENTAL DA ADMINISTRAÇÃO PÚBLICA (A3P)

A A3P foi criada em 1999 como projeto do Ministério do Meio Ambiente, sendo instituído, dois anos depois, o Programa Agenda Ambiental da Administração Pública, conhecido pela sigla acima colocada. O seu objetivo é sensibilizar gestores públicos para a importância da questão ambiental, estimulando-os a incorporar princípios e critérios de gestão ambiental nas atividades rotineiras[1].

A A3P é um programa que busca incorporar os princípios da responsabilidade socioambiental nas atividades da Administração Pública, através do estímulo a determinadas ações que vão, desde uma mudança nos investimentos, compras e contratações de serviços pelo governo, passando

---

1. Curso de Capacitação SUSTENTABILIDADE NA ADMINISTRAÇÃO PÚBLICA.

pela sensibilização e capacitação dos servidores, pela gestão adequada dos recursos naturais utilizados e resíduos gerados, até a promoção da melhoria da qualidade de vida no ambiente de trabalho[2].

Objetiva orientar a adoção de práticas sustentáveis por todos os entes políticos, abarcando também os Poderes Legislativo e Judiciário, pois todos exercem em alguma medida as funções administrativas.

Conforme bem pontuado pelo então Ministro do Meio Ambiente na apresentação da A3P, Carlos Minc,

> A Administração Pública, como grande consumidora de bens e serviços, como cumpridora responsável das políticas públicas e com o poder de compra que possui por meio das licitações, precisa dar o exemplo das boas práticas nas atividades que lhe cabem. Desta forma, o material que compõe esta cartilha foi especialmente elaborado para os gestores públicos federais, estaduais e municipais com o intuito de auxiliá-los no processo de inserção da responsabilidade socioambiental e da sustentabilidade em tais atividades.
>
> O grande desafio consiste em transpor o discurso meramente teórico e concretizar a boa intenção num compromisso sólido, já que a adoção de princípios sustentáveis na gestão pública exige mudanças de atitudes e de práticas. Para que isso ocorra, se fazem necessárias a cooperação e união de esforços visando minimizar os impactos sociais e ambientais advindos das ações cotidianas atinentes à Administração Pública.
>
> Nesse sentido, o Ministério do Meio Ambiente criou o programa Agenda Ambiental na Administração Pública (A3P), uma ação que busca a construção de uma nova cultura institucional nos órgãos e entidades públicos. A A3P tem como objetivo estimular os gestores públicos a incorporar princípios e critérios de gestão socioambiental em suas atividades rotineiras, levando à economia de recursos naturais e à redução de gastos institucionais por meio do uso racional dos bens públicos, da gestão adequada dos resíduos, da licitação sustentável e da promoção da sensibilização, capacitação e qualidade de vida no ambiente de trabalho.
>
> A sustentabilidade no âmbito governamental tem sido cada vez mais um diferencial da nova gestão pública, onde os administradores passam a ser os principais agentes de mudança. Simples e pequenas ações realizadas diariamente, como por exemplo, o uso eficiente da água e da energia, a coleta seletiva, o consumo responsável de produtos e serviços, entre outros, contribuem para este processo.
>
> Cada um pode fazer a sua parte nas atividades cotidianas, seja no trabalho, em casa, no escritório, na rua, na escola e em outros locais. Portanto, mãos à obra! A A3P começa por você!

---

2. A3P, p. 34.

Conforme enuncia o Ministério do Meio Ambiente[3],

A A3P é hoje o principal programa da administração pública de gestão socioambiental. Ele tem sido implementado por diversos órgãos e instituições públicas das três esferas de governo e no âmbito dos três poderes. Dado o seu caráter de modernidade e considerando os efeitos gerados com a sua implementação (economia de gastos e maior qualidade de vida, entre outros), o programa A3P tem sido utilizado como modelo de gestão socioambiental também pelo setor privado.

A adoção da A3P pela administração pública significa a incorporação de práticas que, de um modo ou de outro, são cobradas pela sociedade.

A3P é um programa do Ministério do Meio Ambiente criado como resposta da administração pública à necessidade de enfrentamento das graves questões ambientais. Era preciso pensar em como gastar menos energia para manter as instalações, como reduzir os gastos, como gerar o mínimo de rejeitos, como adquirir produtos que causassem menos danos ao meio ambiente, em suma, como implantar um programa de sustentabilidade na administração pública. Era preciso repensar os atuais padrões de produção e consumo do setor público e, em contrapartida, buscar estratégias que fossem inovadoras e, portanto, adotassem critérios, princípios e diretrizes sociais e ambientais. E, assim, surgiu a A3P.

A A3P é mais que um programa de intenções. Ele motiva e oferece condições para que a administração pública, em todas as instâncias de governo – federal, estadual ou municipal – reflita, debata, e, por fim, adote iniciativas visando a sustentabilidade. A A3P atua para que a administração pública implemente uma política de Responsabilidade Socioambiental na forma de programas e projetos adequados ao órgão.

Enquanto política de governo, a A3P sugere aos órgãos públicos que implementem uma agenda que contemple determinadas diretrizes socioambientais, organizadas em seis eixos temáticos:

1. *Uso racional dos recursos naturais e bens públicos*
2. *Gestão adequada dos resíduos gerados*
3. *Qualidade de vida no ambiente de trabalho*
4. *Sensibilização e capacitação do servidor*
5. *Licitações sustentáveis*
6. *Compras sustentáveis.*

Os eixos temáticos falam de uma administração pública devidamente inserida na modernidade, preocupada em ser mais eficiente nos serviços que oferece à sociedade, preocupada com a qualidade de vida de quem oferece esses serviços (no caso, o servidor), vigilante quanto aos recursos públicos gastos pela instituição.

A A3P lida com padrões de produção e de consumo direcionados para o setor público. A agenda preconiza que o consumo na administração pública

---

3. www.mma.gov.br

deve ser em menor quantidade, ter origem sustentável, gerar menos resíduos e não gerar impactos socioambientais negativos. Consequentemente, ao estabelecer critérios para as compras governamentais, algo que movimenta valores dentro da faixa de 10 a 15% do Produto Interno Bruto (PIB), a A3P exerce influência direta sobre o mercado. De fato, ao fixar padrões de sustentabilidade para o mercado, a A3P eleva para um novo patamar a qualidade do que o mercado oferece. E o ganho com esta mudança, claro, gera benefícios para toda sociedade.

Por fim, a A3P deve ser vista como um instrumento de transformação do setor público para a adoção da sustentabilidade socioambiental com efeitos extremamente positivos para a sociedade.

QUESTÃO DE CONCURSO
CESPE 2015 – ANALISTA DO STJ
Acerca da Agenda Ambiental na Administração Pública (A3P) e do Plano de Logística Sustentável no âmbito do Poder Judiciário (PLS-PJ), julgue os itens que se seguem. A agenda em questão constitui uma ação voluntária que visa promover a responsabilidade socioambiental como política governamental, contribuindo para a integração da agenda do crescimento econômico à agenda do desenvolvimento sustentável.
CERTA

As diretrizes da A3P se fundamentam nas recomendações do Capítulo IV da Agenda 21, que indica aos países o "estabelecimento de programas voltados ao exame dos padrões insustentáveis de produção e consumo e o desenvolvimento de políticas e estratégias nacionais de estímulo a mudanças nos padrões insustentáveis de consumo", no Princípio 8 da Declaração do Rio/92, que afirma que "os Estados devem reduzir e eliminar padrões insustentáveis de produção e consumo e promover políticas demográficas adequadas" e, ainda, na Declaração de Johanesburgo, que institui a "adoção do consumo sustentável como princípio basilar do desenvolvimento sustentável"[4].

IMPORTANTE

A A3P adota a **política dos 5 R's:** Repensar, Reduzir, Reaproveitar, Reciclar e Recusar consumir produtos que gerem impactos socioambientais significativos:

- **Repensar** a necessidade de consumo e os padrões de produção e descarte adotados.
- **Reduzir** significa evitar os desperdícios, consumir menos produtos, preferindo aqueles que ofereçam menor potencial de geração de resíduos e tenham maior durabilidade.

---

4. A3P, p. 33.

- **Reaproveitar** é uma forma e evitar que vá para o lixo aquilo que não é lixo reaproveitando tudo o que estiver em bom estado. É ser criativo, inovador usando um produto de diferentes maneiras.
- **Reciclar** significa transformar materiais usados em matérias-primas para outros produtos por meio de processos industriais ou artesanais.
- **Recusar** possibilidades de consumo desnecessário e produtos que gerem impactos ambientais significativos[5].

QUESTÃO DE CONCURSO
CESPE 2015 – ANALISTA DO STJ
Acerca da Agenda Ambiental na Administração Pública (A3P) e do Plano de Logística Sustentável no âmbito do Poder Judiciário (PLS-PJ), julgue os itens que se seguem. A A3P preconiza a adoção da política dos três erres (reduzir, reutilizar e reciclar) e o foco na reciclagem dos materiais consumidos nos mais diversos órgãos e instituições da administração pública. Nessa política, o primeiro erre (reduzir) refere-se à máxima redução possível do resíduo produzido, de modo a facilitar seu manuseio pelos coletores e o seu transporte para usinas de reciclagem.
ERRADA (são 5 R's)

No que concerne à reciclagem, coube à Resolução CONAMA 275/2001 estabelecer o código de cores para os diferentes tipos de resíduos, a ser adotado na identificação de coletores e transportadores, bem como nas campanhas informativas para a coleta seletiva:

- AZUL: papel/papelão;
- VERMELHO: plástico;
- VERDE: vidro;
- AMARELO: metal;
- PRETO: madeira;
- LARANJA: resíduos perigosos;
- BRANCO: resíduos ambulatoriais e de serviços de saúde;
- ROXO: resíduos radioativos;
- MARROM: resíduos orgânicos;
- CINZA: resíduo geral não reciclável ou misturado, ou contaminado não passível de separação.

---

5. A3P, p. 44.

Outrossim, a A3P se firma em **cinco eixos temáticos:**

1) **Uso racional dos recursos naturais e bens públicos** – Usar racionalmente os recursos naturais e bens públicos implica em usá-los de forma econômica e racional evitando o seu desperdício. Este eixo engloba o uso racional de energia, água e madeira além do consumo de papel, copos plásticos e outros materiais de expediente.

2) **Gestão adequada dos resíduos gerados** – A gestão adequada dos resíduos passa pela adoção da política dos 5R´s: Repensar, Reduzir, Reutilizar, Reciclar e Recusar. Dessa forma deve-se primeiramente pensar em reduzir o consumo e combater o desperdício para só então destinar o resíduo gerado corretamente.

3) **Qualidade de vida no ambiente de trabalho** – A qualidade de vida no ambiente de trabalho visa facilitar e satisfazer as necessidades do trabalhador ao desenvolver suas atividades na organização através de ações para o desenvolvimento pessoal e profissional.

4) **Sensibilização e capacitação de servidores** – A sensibilização busca criar e consolidar a consciência cidadã da responsabilidade socioambiental nos servidores. O processo de capacitação contribui para o desenvolvimento de competências institucionais e individuais fornecendo oportunidade para os servidores desenvolverem atitudes para um melhor desempenho de suas atividades

5) **Licitações sustentáveis** – A Administração Pública deve promover a responsabilidade socioambiental das suas compras. Licitações que levem à aquisição de produtos e serviços sustentáveis são importantes não só para a conservação do meio ambiente, mas também apresentam uma melhor relação custo/benefício a médio ou longo prazo quando comparadas às que se valem do critério de menor preço.

A respeito do Banco de Boas Práticas da A3P, de acordo com o Ministério do Meio Ambiente, o

> Banco de Boas Práticas da Agenda Ambiental na Administração Pública A3P é um instrumento de registro e de divulgação interna e externa das melhores práticas na área de responsabilidade socioambiental de Órgãos e Instituições Parceiras da A3P. Os gestores são estimulados a documentar suas melhores práticas, possibilitando a troca de experiências, compartilhamento e enriquecimento mútuo.
>
> A finalidade do Banco de Boas Práticas é promover o compartilhamento e a socialização de capital intelectual público, num processo de estímulo à interação virtual e presencial, para enriquecimento do conhecimento

de interesse público e para o reconhecimento aos esforços de autoria de pessoas e equipes de trabalho[6].

Eis os projetos premiados em 2014:
Categoria: Gestão de Resíduos

1º lugar: Prefeitura de Ibirarema – SP
Projeto: Programa Municipal "Ibirarema Lixo Mínimo – Adote essa Ideia!"

2º lugar: Tribunal de Justiça de Santa Catarina
Projeto: Gestão, controle e destinação adequada de resíduos sólidos no Tribunal de Justiça de Santa Catarina (TJSC)

3º lugar: Furnas – Centrais Elétricas S.A.
Projeto: Programa de Reaproveitamento de Óleo Vegetal

Categoria: Uso Sustentável dos Recursos Naturais

1º lugar: Casa da Moeda do Brasil
Projeto: Sistema de Reaproveitamento de Solução de Limpeza das Impressoras Calcográficas (Aquasave)

2º lugar: Prefeitura de Ibirarema – SP
Projeto: Programa Municipal "Habitação Sustentável"

3º lugar: Furnas – Centrais Elétricas S.A.
Projeto: Projeto de Implantação de Conversor Offshore para Geração de Eletricidade pelas Ondas do Mar

Categoria: Inovação na Gestão Pública

1º lugar: Superior Tribunal de Justiça – STJ
Projeto: Consumo consciente – gestão mais racional

2º lugar: Tribunal Regional do Trabalho da 2ª Região
Projeto: Agentes socioambientais TRT-2 – Articuladores de uma gestão pública participativa, inovadora e eficiente

3º lugar: Prefeitura de Ibirarema – SP
Projeto: Programa municipal "Práticas de sustentabilidade na administração pública municipal"

Categoria: Destaque da Rede A3P
Categoria: Gestão de resíduos:

---

6. www.mma.gov.br

1º lugar: Fundação Oswaldo Cruz – Fiocruz
Projeto: Gestão sustentável de resíduos perigosos em instituição de pesquisa em saúde pública

2º lugar: Prefeitura Municipal de Presidente Castello Branco
Projeto: Programa Castellense de Coleta Seletiva de Lixo

Categoria: Uso/Manejo Sustentável dos Recursos Naturais:

1º Secretaria da Receita Federal do Brasil – Coordenação-Geral de Tecnologia da Informação
Projeto: e-AssinaRFB – Solução para Assinatura de Documentos Digitais

Categoria: Inovação na Gestão Pública:

1º Prefeitura Municipal de Bragança Paulista – SP / Secretaria Municipal de Meio Ambiente
Projeto: Programa de Conciliação Socioambiental

As entidades e órgãos públicos que desejarem implementar a A3P devem seguir o seguinte caminho:

A) **Criar uma comissão gestora**, conforme modelo que a instituiu no Ministério do Meio Ambiente;

MINISTÉRIO DO MEIO AMBIENTE

PORTARIA Nº 217, DE 30 DE JULHO DE 2008

O MINISTRO DE ESTADO DO MEIO AMBIENTE no uso de suas atribuições, e tendo em vista o disposto nas Leis nos 10.683, de 28 de maio de 2003 e 6.938, de 31 de agosto de 1981, e Considerando que a Agenda Ambiental na Administração Pública-A3P propõe a inserção de critérios socioambientais na gestão dos serviços públicos em todos os níveis de governo;

Considerando que a adoção de critérios ambientais pelos órgãos públicos visa a melhoria contínua do processo de gestão, compatibilizando as práticas administrativas à política de prevenção de impactos ambientais e de uso racional dos recursos naturais, atendendo-se aos preceitos constitucionais sobre a responsabilidade ambiental compartilhada, que é tarefa de todos os segmentos da sociedade, do setor produtivo e do Poder Público.

Considerando que a administração pública é grande consumidora e usuária de recursos naturais, tem um papel estratégico na promoção e na indicação de novos padrões de produção e de consumo, e, que deve ser exemplo na redução de impactos socioambientais negativos gerados em suas atividades;

Considerando a necessidade da formação continuada de gestores públicos que venham a internalizar conceitos de licitações sustentáveis, de consumos sustentáveis e da redução, reuso e reciclagem de resíduos gerados pelas atividades públicas;

Considerando que a gestão compartilhada da A3P é meio para a efetivação da diretriz de transversalidade da Política Nacional de Meio Ambiente-PNMA e do Sistema Nacional de Meio Ambiente- SISNAMA com os órgãos integrantes da Administração Pública, na busca do desenvolvimento sustentável, resolve:

Art. 1o Instituir, no âmbito do Ministério do Meio Ambiente, Comitê de Implementação da A3P, com as seguintes competências:

I - propor e definir as diretrizes para a implementação da A3P no âmbito do Ministério do Meio Ambiente;
II - propor e aprimorar normas e instrumentos técnicos para as ações e soluções relativas à implementação da A3P no âmbito do Ministério do Meio Ambiente e vinculadas;
III - estabelecer metas, monitorar e avaliar as atividades relativas à A3P no âmbito do Ministério do Meio Ambiente e vinculadas;
IV - apoiar, acompanhar e relatar as atividades relativas à A3P implementadas no âmbito de todas as unidades do Ministério do Meio Ambiente;
V - articular as ações do Comitê com as ações da Comissão para Coleta Seletiva Solidária, criada por meio da Portaria No- 545, de 31 de outubro de 2007, conforme Decreto No- 5.940, de 31 de outubro de 2006; e
VI - divulgar informações e dados sobre a A3P a todos os servidores de sua esfera de atuação.

Art. 2o O Comitê será composto por um representante, titular e respectivo suplente, de cada uma das unidades a seguir indicadas:
I - Gabinete do Ministro;
II - Secretaria-Executiva;
III - Secretaria de Biodiversidade e Florestas;
IV - Secretaria de Mudanças Climáticas e Qualidade Ambiental;
V - Secretaria de Articulação Institucional e Cidadania Ambiental;
VI - Secretaria de Extrativismo e Desenvolvimento Rural Sustentável;
VII - Secretaria de Recursos Hídricos e Ambiente Urbano;
VIII - Agência Nacional de Águas-ANA;
IX - Instituto Brasileiro do Meio Ambiente e dos Recursos Naturais Renováveis-IBAMA;
X - Instituto Chico Mendes de Conservação da Biodiversidade - Instituto Chico Mendes;
XI - Instituto de Pesquisas Jardim Botânico do Rio de Janeiro- JBRJ; e
XII - Serviço Florestal Brasileiro-SFB.

Parágrafo único. Fica a critério dos gestores das unidades indicadas nessa portaria, a criação de Comissões Gestoras Setoriais e/ou internas.

Art. 3o Os trabalhos do Comitê serão coordenados pelo Departamento de Cidadania de Cidadania e Responsabilidade Socioambiental, da Secretaria de Articulação Institucional e Cidadania Ambiental.

Art. 4o A participação no Comitê não enseja qualquer tipo de remuneração.

Art. 5o Esta Portaria entra em vigor na data de sua publicação.

Art. 6o Fica revogada a Portaria No- 221, de 10 de setembro de 2004, publicada no Diário Oficial da União de 13 de setembro de 2004, Seção 1, página 53.

CARLOS MINC

B) Promover o **diagnóstico** que revele a situação ambiental do órgão nos seis eixos da A3P:
1) levantamento do consumo de recurso naturais;
2) levantamento dos principais bens adquiridos e serviços contratados pela instituição;
3) levantamento das obras realizadas;
4) levantamento das práticas de descarte adotadas pela instituição;
5) levantamento de práticas ambientais já adotadas, principalmente com relação ao descarte de resíduos;
6) levantamento das necessidades de capacitação, entre outras, conforme decisão da Comissão gestora.

Eis o modelo recomendado pelo Ministério do Meio Ambiente:

Ministério do Meio Ambiente
Secretaria de Articulação Institucional e Cidadania Ambiental
Departamento de Cidadania e Responsabilidade Socioambiental

Elaboração do diagnóstico para implementação da A3P

Realizar o diagnóstico é uma etapa fundamental para a implantação da A3P. A partir dos dados levantamentos no diagnóstico é que o órgão poderá definir de forma mais precisa que ações deverão ser implementadas.

Sugere-se que o diagnóstico seja realizado em 6 etapas:
Etapa 1 - Levantamento do Consumo de Recursos Naturais;
Etapa 2 - Levantamento dos principais bens adquiridos e serviços contratados pela instituição;
Etapa 3 - Levantamento de obras realizadas;
Etapa 4 - Levantamento de práticas de desfazimento adotadas pela instituição;
Etapa 5 - Levantamento de práticas ambientais já adotadas, principalmente descarte;
Etapa 6 - Levantamento de necessidade de capacitação.

Etapa 1 – Consumo de Recursos Naturais
Essa etapa consiste em:
1. Identificar os principais recursos consumidos – sugere-se iniciar com o levantamento do consumo de energia elétrica, água, papel e copos descartáveis;
2. Identificar a quantidade de recurso que é consumida;
3. Identificar os gastos relacionados ao consumo.

Exemplo:

Item	Quantidade consumida	unidade	Gasto (R$)
Energia elétrica		kwh	
Água		m³	
Papel		folha	
Copos descartáveis		unidades	

**Para energia elétrica e água deve-se utilizar como referência as faturas pagas.
**Os dados coletados nos levantamentos poderão ser utilizados para a definição de uma linha base. Se possível, a linha base deve ser definida a partir de uma série histórica de consumo.

Etapa 2 - Levantamento dos principais bens adquiridos e serviços contratados pela instituição
Essa etapa consiste em:
1. Identificar os principais bens adquiridos;
2. Identificar a quantidade de bens que é adquirida;
3. Identificar os gastos relacionados a aquisição de bens;
4. Analisar se a instituição utiliza critérios de sustentabilidade nos serviços contratados.

Exemplo:

Item	Quantidade adquirida	unidade	Gasto (R$)	Utilizou critério de sustentabilidade?
Papel		folhas		Sim ou não
Copos descartáveis		unidades		Sim ou não
Impressoras		unidades		Sim ou não
Computadores		unidades		Sim ou não
Ar condicionado		unidades		Sim ou não
Equipamentos hidráulicos		unidades		Sim ou não

Exemplo:

Serviço contratado	Valor (R$)	Utilizou critério de sustentabilidade?
Limpeza		Sim ou não
Copa		Sim ou não

Etapa 3 - Levantamento de obras realizadas
Essa etapa consiste em:
1. Identificar as obras que já foram realizadas;
2. Verificar se as obras foram realizadas a partir de critérios de sustentabilidade;
3. Identificar necessidades de realização de obras.

Exemplo:

Item	Utilizou critérios de sustentabilidade	Que critérios forma utilizados?
Reforma dos banheiros		
Reforma de salas		

Etapa 4 - Levantamento de práticas de desfazimento adotadas pela instituição
Essa etapa consiste em:
1. Identificar os bens inutilizados/obsoletos que já foram destinados bem como as instituições receptoras;
2. Identificar se há bens sem destinação.

Exemplo

Item	Quantidade	Já foi destinado?	Instituição
Computadores		Sim ou não	
Impressoras		Sim ou não	
Aparelhos telefônicos		Sim ou não	

Etapa 5 - Levantamento de práticas ambientais já adotadas, principalmente descarte
Essa etapa consiste em:
1. Identificar as práticas já implementadas como por exemplo:

PARTE 2 • ATOS REGULAMENTARES ESPECÍFICOS DA ADMINISTRAÇÃO PÚBLICA

Prática	Já adota?
Utiliza papel reciclado ou não-clorado	Sim ou não
Imprime frente-verso como padrão	Sim ou não
Promove campanhas de conscientização	Sim ou não
Desliga luzes na hora do almoço	Sim ou não
Utiliza equipamentos hidráulicos eficientes	Sim ou não
Disponibiliza copos permanentes para todos os servidores	Sim ou não
Realiza a Coleta Seletiva Solidária	Sim ou não
Realiza descarte correto de resíduos perigosos	Sim ou não
Implanta programas de prevenção de riscos ambientais	Sim ou não

Etapa 6 - Levantamento de necessidade de capacitação.
Essa etapa consiste em:
1. Identificar as demandas de capacitação da instituição;
2. Verificar se já há demanda voltada a gestão ambiental no órgão;
3. Identificar as áreas mais interessadas na gestão ambiental;
4. Levantar o número de servidores interessados em capacitação voltada para a gestão ambiental.

C) Elaborar um **Plano de Gestão Socioambiental**, que deve contemplar objetivos gerais e específicos, responsabilidades, prazos, medidas de monitoramento e recursos disponíveis. Eis o modelo recomendado pelo Ministério do Meio Ambiente:

PLANO DE GESTÃO SOCIOAMBIENTAL DA A3P

1. APRESENTAÇÃO

Órgão		CNPJ/MF	
Endereço			
Cidade	UF	CEP	DDD/Telefone
Nome do Responsável		CPF	CI/Órgão Exp.
Endereço			
Cidade	UF	CEP	DDD/Telefone

2. COMISSÃO GESTORA DA A3P

Membros da Comissão:

3. OBJETIVOS DO PLANO

3.1. Geral

3.2. Específicos

4. IMPLEMENTAÇÃO DO PLANO

4.1. USO RACIONAL DOS RECURSOS NATURAIS E BENS PÚBLICOS (Exemplo)

Objetivo	Promover o uso racional dos recursos naturais, racionalizar o uso do transporte, reduzir os desperdícios de materiais e os impactos ambientais negativos decorrentes.
Metas	A definir

PLANO DE AÇÃO – SUGESTÕES DE INICIATIVAS				
Tema	Iniciativas	Responsável	Início	Conclusão
Materiais em geral e Papel	Elaborar o perfil de consumo de materiais da instituição, em especial, do papel			
	Verificar, *in loco*, a situação de utilização de materiais em geral			
	Reduzir o fornecimento de materiais de expediente			
	Configurar todas as impressoras frente-verso			
	Promover a reutilização do papel A4 antes do envio para a reciclagem			
	Realizar estudo de viabilidade de implantação do sistema de gestão documental digital			
	Realizar campanhas para o consumo consciente			
	Confeccionar blocos de anotação com papeis reutilizados			
	Promover campanhas para racionalização do uso dos copos plásticos			
	Reduzir a disponibilidade de copos plásticos para os servidores			

Energia	Realizar um acompanhamento do consumo de energia			
	Realizar a individualização dos medidores, se necessário			
	Promover campanhas de conscientização para redução do consumo de energia			
	Propor a aquisição de equipamentos que reduzam o consumo de energia como: → utilização de sistema de ar condicionado eficiente → utilização de sistema de iluminação eficiente → implantação de sensores de presença; → instalação de novos elevadores com economia de energia elétrica; → instalação de interruptores de energia elétrica independentes em todas as salas.			
Água	Realizar um acompanhamento do consumo de energia			
	Realizar a individualização dos medidores, se necessário			
	Promover campanhas de conscientização para redução do consumo de água			
	Propor instalações hidro sanitárias mais econômicas como: torneiras com temporizadores; instalação de caixa acoplada; regulagem dos registros da água; troca das bacias sanitárias por mictórios com sensores;			
	Implementar sistema de captação, armazenamento e utilização de água proveniente das chuvas;			
	Racionalizar o uso da água para limpeza de área comum (garagem, escadas etc.)			
	Racionalizar o uso da água na lavagem de automóveis.			

4.2. GERENCIAMENTO DE RESÍDUOS SÓLIDOS (Exemplo)

Objetivo	Realizar o gerenciamento correto e eficiente dos resíduos sólidos e implementar o Decreto nº 5.940/2006.
Metas	A definir

PLANO DE AÇÃO – SUGESTÕES DE INICIATIVAS					
Tema	Iniciativas	Responsável	Início	Conclusão
Resíduos	Estudo qualiquantitativo dos resíduos – permite avaliar a situação e serve de base para definir quantidades de coletores, tipos e locais de colocação. Descobrir o destino atual dos resíduos e definir que instituição irá recebê-los: Formalização da doação.			
Adequação ao Decreto Nº 5.940 de 25.10.2006	Implementar a coleta seletiva solidária;			
	Adquirir os coletores para a Coleta Seletiva e instalar nas divisões, nos corredores e centrais;			
	Instalar coletores nas copas com separação para lixo orgânico e lixo seco.			
Destinação Adequada de resíduos perigosos	Levantar os tipos e quantidades de resíduos perigosos que devem ser destinados			
	Realizar um estudo sobre a viabilidade de um "ecoponto" para coleta de pilhas e baterias e também de óleo de cozinha;			
	Contratar cooperativas e/ou empresas que promovam a coleta e destinação ambientalmente adequada dos resíduos perigosos.			
Resíduos Orgânicos	Levantar a quantidade de resíduos orgânicos de restaurantes e lanchonetes e realizar destinação adequada			
Resíduos de Serviço de Saúde	Realizar a destinação de acordo com as normas da ANVISA			
Resíduos de Obras	Resíduos de obras: avaliar quantidades, qualidades ou tipos e destinos – inserção de exigências no edital.			

4.3. QUALIDADE DE VIDA NO AMBIENTE DE TRABALHO (Exemplo)

Objetivo	Promover a qualidade de vida dos servidores, evitando doenças ocupacionais e melhorando o ambiente de trabalho.
Metas	A definir

PLANO DE AÇÃO – SUGESTÕES DE INICIATIVAS					
Tema	Iniciativas	Responsável	Início	Conclusão
Contribuir para a melhoria da qualidade de vida	Propor mudanças na estrutura física do órgão para garantir uma melhor acessibilidade e criar áreas comuns;			
	Promover o controle da poluição sonora;			
	Promover campanhas sobre o uso de fumo e álcool;			
	Propor a construção de um bicicletário e um vestiário para incentivar o uso de bicicletas;			
	Distribuir kits ambientais com instruções sobre qualidade de vida;			
	Controlar a qualidade do ar em termos de fungos, ácaros e bactérias;			
	Proporcionar a ginástica laboral e equipamentos ergonométricos para os funcionários;			
	Controlar a qualidade da água utilizada no sistema de refrigeração.			

4.4. SENSIBILIZAÇÃO E CAPACITAÇÃO DOS SERVIDORES (Exemplo)

Objetivo	Orientar e informar os servidores sobre as iniciativas de sustentabilidade que estão sendo implementadas e incentivar a adoção de boas práticas no ambiente de trabalho.
Metas	A definir

PLANO DE AÇÃO – SUGESTÕES DE INICIATIVAS					
Tema	Iniciativas	Responsável	Início	Conclusão
Sensibilização e Capacitação	Identificar as demandas de capacitação dos servidores;			
	Elaborar um plano de capacitação interna por meio de palestras, reuniões, cursos, oficinas etc.;			
	Elaborar um plano de sensibilização dos servidores por meio de campanhas com divulgação em banners, cartazes, etiquetas, intranet, projeção de vídeo, informativos etc.;			
	Desenvolver cartilhas educativas sobre sustentabilidade para capacitação e sensibilização dos servidores;			
	Celebrar as datas comemorativas relacionadas à sustentabilidade para promover a sensibilização dos servidores;			
	Incluir no contrato da empresa prestadora de serviços gerais, cláusula de capacitação em educação e gestão ambiental, para todos os funcionários terceirizados.			

4.5. LICITAÇÕES SUSTENTÁVEIS (Exemplo)

Objetivo	Otimizar o processo de aquisição de material de consumo e contratação de serviços.
Metas	A definir

PLANO DE AÇÃO – SUGESTÕES DE INICIATIVAS					
Tema	Iniciativas	Responsável	Início	Conclusão
Fomentar a adoção de critérios ambientais introduzindo o "diferencial ecológico" nas especificações de produtos e serviços a serem adquiridos	Propor que, sempre que possível, sejam feitas aquisições de bens, materiais, contratações de serviços e projetos ambientalmente saudáveis;			
	Realizar um levantamento sobre produtos e serviços que proporcionem ganhos ambientais e economia de recursos;			

	Incluir itens ambientais nos futuros projetos de construção e reforma levando em conta a funcionalidade integrada à sustentabilidade ambiental.			
Informática	Uso de novas tecnologias na hora da escolha, gestão de embalagens, ferramentas verdes, procedimentos, econômicos de uso do PC etc.			

4.6. CONSTRUÇÕES SUSTENTÁVEIS (Exemplo)

Objetivo	Promover economia e a adoção de um conjunto de técnicas com solução ambientalmente eficientes
Metas	A definir

PLANO DE AÇÃO – SUGESTÕES DE INICIATIVAS				
Tema	Iniciativas	Responsável	Início	Conclusão
Canteiro de Obras	Planejar o canteiro de obras			
	Aproveitar a água da chuva			
	Realizar a gestão dos resíduos gerados			
	Promover a reutilização e reciclagem dos resíduos gerados			
Conforto Ambiental	Orientar o edifício visando à equalização dos ganhos térmicos			
	Prover os ambientes de ventilação natural			
	Prover os ambientes de iluminação natural			
Eficiência Energética	Trocar luminárias por modelos mais eficientes			
	Proteger as fachadas da incidência direta do sol			
	Instalar controles de luminosidade			
	Pintar paredes, tetos e pisos de cores claras			
	Utilizar aquecimento solar			
	Priorizar o uso da madeira certificada e materiais regionais de fontes sustentáveis			

Meio Ambiente	Plantar árvores na área externa			
	Preservar áreas nativas			
	Utilizar adubo orgânico e produção de húmus			
Técnicas construtivas	Implementar telhados verdes			
	Utilizar material com inovação tecnológica			

5. MONITORAMENTO E AVALIAÇÃO

5.1. A partir da lista de indicadores da A3P acompanhar a implementação do Plano (Anexo I)
5.2. Realizar avaliações periódicas do plano (mínimo trimestral);
5.3. Identificar possíveis falhas e pontos de melhoria;
5.4. Reprogramar as ações se necessário;
5.5. Preencher o relatório de monitoramento e/ou sistema de monitoramento do MMA.

ANEXO I

Indicadores de Desempenho da A3P

Os indicadores avaliam a implementação dos Cinco Eixos Temáticos do Programa A3P. Para cada um dos cinco eixos temáticos da A3P foram estabelecidos indicadores gerais, adicionais e especiais. Cada indicador tem um número específico que o identifica.

Os indicadores gerais são focados nos aspectos quantitativos do monitoramento. Os indicadores adicionais e especiais são identificados pelo número e também por uma letra que precede o número.

A letra A significa que o indicador é adicional, ou seja, é aplicado apenas para algumas realidades e não pelo conjunto dos órgãos públicos.

A letra E precede o indicador especial que é um indicador qualitativo das ações implementadas.

Como os indicadores têm caráter orientativo, a instituição poderá escolher aqueles que irá utilizar na elaboração do Relatório Técnico de Monitoramento. Abaixo segue a lista de indicadores por eixo temático.

INDICADORES – USO RACIONAL DOS RECURSOS NATURAIS E BENS PÚBLICOS

Subtema	Código	Nome do Indicador	Descrição	Apuração
1.1. Energia	1.1.1.	Consumo de energia elétrica	Quantidade de kWh consumidos	mensal e anual
	1.1.2.	Consumo de energia elétrica per capita	Quantidade de kWh consumidos / total de servidores	mensal e anual
	1.1.3.	Gasto com energia	Valor da fatura em reais (R$)	mensal e anual
	E1.1.4.	Uso de energia renovável – percentual	(Total de kWh de energia elétrica a partir de fontes renováveis /total de kWh de energia elétrica) x 100	mensal e anual
	E1.1.5.	Energia elétrica economizada – percentual	(Total de kWh de energia elétrica no mês 2 – total de kWh de energia no mês 1 / total de energia elétrica) x 100	mensal e anual
	E1.1.6.	Uso de lâmpadas fluorescentes eficientes	Quantidade (unidades) de lâmpadas incandescentes substituídas por lâmpadas fluorescentes com selo Procel-Inmetro de desempenho na área de iluminação	anual
	E1.1.7.	Uso de sistema de controle de iluminação por timer ou foto célula	Informar se utiliza ou não sistema de controle de iluminação	anual
1.2. Água	1.2.1.	Volume de água utilizada	Quantidade de m3	mensal e anual
	1.2.2.	Volume de água per capita	Quantidade de m3 de água/ total de servidores	mensal e anual
	1.2.3.	Gasto com água	Valor da fatura em reais (R$)	mensal e anual
	A1.2.4.	Consumo de água mineral	Total de galões de água mineral (20 litros) adquiridos	mensal e anual
	A1.2.5.	Gasto com aquisição de água mineral	Valor gasto com compra de galões de água mineral em reais (R$)	mensal e anual

1.2. Água	E.1.2.6.	Reutilização de Água	Total de m³ de água cinza (servida) + Total de m³ de água captada da chuva	anual
	E.1.2.7.	Uso de hidrômetros individualizados para controle do consumo de água	Informar se utiliza ou não sistema de controle de individualização de despesa com água	anual
	E.1.2.8.	Uso de equipamentos hidráulicos eficientes	Informar se utiliza ou não equipamentos hidráulicos eficientes	anual
1.3. Copos Descartáveis	1.3.1.	Consumo de copos de 200 ml descartáveis	Quantidade (unidades) de copos descartáveis de 200 ml utilizados	mensal e anual
	1.3.2.	Consumo de copos de 50 ml descartáveis	Quantidade (unidades) de copos descartáveis de 50 ml utilizados	mensal e anual
	1.3.3.	Consumo per capita de copos de 200 ml descartáveis	Quantidade (unidades) de copos de 200 ml / quantidade de servidores	mensal e anual
	1.3.4.	Consumo per capita de copos de 50 ml descartáveis	Quantidade (unidades) de copos de 50 ml / quantidade de servidores	mensal e anual
	1.3.5	Gasto com aquisição de copos descartáveis	Valor (R$) gasto com a compra de copos descartáveis (200 ml + 50 ml)	mensal e anual
	E.1.3.6.	Utilização de utensílios não descartáveis	Quantidade (unidades) de xícaras + copos + garrafas produzidos a partir de material permanente	mensal e anual
	E.1.3.7.	Percentual de uso de utensílios não descartáveis	Quantidade total de utensílios não descartáveis (xícaras + copos permanentes) / quantidade total de copos descartáveis utilizados (50 ml + 20 ml) x 100	mensal e anual
1.4. Papel	1.4.1.	Consumo mensal de papel branco (clorado)	Quantidade (unidades) de folhas de papel branco utilizadas	mensal e anual

PARTE 2 • ATOS REGULAMENTARES ESPECÍFICOS DA ADMINISTRAÇÃO PÚBLICA 125

1.4. Papel	1.4.2	Consumo per capita de papel branco (clorado)	Quantidade (unidades) de folhas de papel branco clorado utilizadas / quantidade de servidores	mensal e anual
	1.4.3	Consumo mensal de papel não clorado e reciclado	Quantidade (unidades) de papel não clorado + Quantidade (unidades) de papel reciclado utilizado	mensal e anual
	1.4.4.	Gasto com aquisição de papel branco (clorado)	Valor (R$) gasto com a compra de papel branco (clorado)	mensal e anual
	1.4.5.	Gasto com aquisição de papel reciclado	Valor (R$) gasto com a compra de papel reciclado (clorado)	mensal e anual
	1.4.6	Gasto com aquisição de papel não clorado	Valor (R$) gasto com a compra de papel não clorado	mensal e anual
	E.1.4.7.	Percentual de papel reciclado e não clorado	(Quantidade total de papel reciclado + quantidade total de papel não clorado/ quantidade total de papel branco (clorado) x 100	mensal e anual
	E.1.4.8.	Emissão de CO2	Quantidade de resmas de papel (500 folhas) consumidas x 3,5 kg de CO2	anual
1.5. Transporte Aéreo	1.5.1	Gasto com passagens aéreas nacionais	Valor (R$) gasto com a compra de passagens aéreas nacionais	mensal e anual
	1.5.2.	Gasto com passagens aéreas internacionais	Valor (R$) gasto com a compra de passagens aéreas internacionais	mensal e anual
	1.5.3.	Milhas percorridas no país	Quantidade de milhas percorridas no país	mensal e anual
	1.5.4	Milhas percorridas no exterior	Quantidade de milhas percorridas no exterior	mensal e anual
	E.1.5.5.	Utilização de videoconferências	Quantidade de videoconferências realizadas	mensal e anual
	E.1.5.6.	Emissão de CO2	Distância (km) percorrida x 0,11 kg CO2	anual

1.6. Transporte Terrestre	1.6.1.	Frota total	Quantidade de veículos utilizados no transporte de funcionários	mensal e anual
	1.6.2.	Quilometragem percorrida	Quantidade de quilômetros percorridos	mensal e anual
	1.6.3.	Consumo de Gasolina	Quantidade (litros) de gasolina consumida	mensal e anual
	1.6.4.	Consumo de Álcool	Quantidade (litros) de álcool consumido	mensal e anual
	1.6.5	Gasto com combustível	Valor (R$) gasto com o abastecimento de veículos	mensal e anual
	E.1.6.6.	Emissão de CO2	Quantidade (litros) de gasolina consumida x 2,63 kg CO2/l	anual

	INDICADORES – GERENCIAMENTO DE RESÍDUOS SÓLIDOS			
Subtema	Código	Nome do Indicador	Descrição	Apuração
2.1. Coleta Seletiva	2.1.1.	Reciclagem de papel	Quantidade (kg) de papel destinado à reciclagem	mensal e anual
	2.1.2.	Reciclagem de papelão	Quantidade (kg) de papelão destinado à reciclagem	mensal e anual
	2.1.3.	Reciclagem de Toner	Quantidade (unidades) de toner destinados à reciclagem	mensal e anual
	2.1.4.	Reciclagem de Plástico	Quantidade (kg) de plástico destinado à reciclagem	mensal e anual
	E.2.1.5.	Total de material reciclável destinado às cooperativas	kg de Papel + kg de Papelão + kg de Plástico + kg de plástico destinados à reciclagem	mensal e anual
	E.2.1.6.	Reutilização de Papel	Quantidade (kg) de papel reutilizado	mensal e anual
2.2. Resíduos Perigosos	2.2.1.	Descarte de lâmpadas fluorescentes	Quantidade (unidades) de lâmpadas trocadas	mensal e anual
	2.2.2.	Descarte de pilhas e baterias	Quantidade (kg) de pilhas e baterias descartadas	mensal e anual

PARTE 2 • ATOS REGULAMENTARES ESPECÍFICOS DA ADMINISTRAÇÃO PÚBLICA 127

2.2. Resíduos Perigosos	E.2.2.3.	Logística reversa de lâmpadas fluorescentes	Quantidade (unidades) de lâmpadas recicladas pela empresa prestadora do serviço	anual
2.3. Resíduos Eletroeletrônicos	2.3.1.	Descarte de computadores	Quantidade (unidades) de computadores inutilizados/ obsoletos descartados	mensal e anual
	2.3.2.	Descarte de impressoras	Quantidade (unidades) de impressoras inutilizadas/ obsoletas descartadas	mensal e anual
	2.3.3.	Descarte de aparelhos telefônicos inutilizados/ obsoletos	Quantidade (unidades) de aparelhos telefônicos inutilizados	mensal e anual
	2.3.4.	Descarte de aparelhos de fax inutilizados/ obsoletos	Quantidade de aparelhos de fax inutilizados/ obsoletos	mensal e anual
2.4. Plano de Gestão de Resíduos	2.4.1.	Definição de Plano de Gestão de Resíduos	Informar se há Plano de Gestão de Resíduos Sólidos	anual

INDICADORES – LICITAÇÕES SUSTENTÁVEIS				
Subtema	Código	Nome do Indicador	Descrição	Apuração
3.1. Ar condicionado	3.1.1.	Sistema de ar condicionado eficiente	Quantidade de equipamentos adquiridos (unidades)	anual
	3.1.2.	Substituição de equipamentos antigos por equipamentos com sistema eficiente	Quantidade de equipamentos substituídos (unidades)	anual
	3.1.3.	Uso de sistema de automação	Informar se utiliza ou não equipamentos hidráulicos eficientes	anual
3.2. Iluminação	3.2.1.	Aquisição de lâmpadas eficientes	Quantidade (unidades) de lâmpadas fluorescentes com selo Procel-Inmetro de desempenho adquiridas	anual
	E.3.2.2.	Uso de reatores eletrônicos com alto fator de potência	Quantidade (unidades) de reatores adquiridos	anual

3.3. Água	E.3.2.3.	Uso de luminárias reflexivas de alta eficiência	Quantidade (unidades) de luminárias adquiridas	anual
	3.3.1.	Aquisição de torneiras com válvulas redutoras de pressão e temporizadores	Quantidade (unidades) de torneiras adquiridas	anual
	3.3.2.	Aquisição de torneiras com sensores ou fechamento automático	Quantidade (unidades) de torneiras adquiridas	anual
	3.3.3.	Aquisição de sanitários com válvulas de descarga com duplo acionamento ou a vácuo	Quantidade (unidades) de sanitários adquiridos	anual
	3.3.4.	Porcentagem de equipamentos economizadores de água adquiridos	(Quantidade de equipamentos economizadores de água adquiridos / total de equipamentos hidráulicos utilizados) x 100	anual
3.4. Papel	3.4.1.	Aquisição de papel A4 100% reciclado para impressão	Quantidade (kg) de papel não clorado adquirido	anual
	3.4.2.	Aquisição de papel não clorado para impressão	Quantidade (kg) de papel reciclado adquiridos	anual
	3.4.3.	Aquisição de envelope de papel 100% reciclado	Quantidade (kg) de envelopes de papel adquiridos	anual
	3.4.4.	Porcentagem de papel 100% reciclado adquirido	Quantidade (kg) de papel 100% reciclado adquirido / total de papel adquirido	anual
3.5. Madeira	E.3.5.1.	Aquisição de madeira certificada	Informar materiais adquiridos que foram produzidos a partir de madeira certificada	anual
3.6. Veículos	3.6.1.	Aquisição de veículos flex	Quantidade de veículos flex adquiridos	anual
	E3.6.2.	Aquisição de veículos movidos a biocombustíveis	Quantidade de veículos movidos a biocombustíveis adquiridos	

PARTE 2 • ATOS REGULAMENTARES ESPECÍFICOS DA ADMINISTRAÇÃO PÚBLICA 129

3.7. TI Verde	3.7.1.	Aquisição de estações de trabalho	Quantidade (unidades) de equipamentos adquiridos com base na Portaria SLTI nº 2	anual
	3.7.2.	Aquisição de netbook	Quantidade (unidades) de netbook adquiridos com base na Portaria SLTI nº 2	anual
	3.7.3.	Aquisição de impressoras frente-verso	Quantidade (unidades) de impressoras frente-verso adquiridas	anual
3.8. Serviços de Limpeza	E3.8.1.	Materiais biodegradáveis	Informar sobre a inclusão, no contrato, de material de limpeza biodegradável	anual
3.9. Serviços de Copa	3.9.1.	Copos permanentes	Quantidade (unidades) de copos plásticos substituídos por copos não descartáveis	anual

INDICADORES – QUALIDADE DE VIDA NO AMBIENTE DE TRABALHO				
Subtema	Código	Nome do Indicador	Descrição	Apuração
4.1. Qualidade de vida no trabalho	4.1.1.	Saúde e qualidade de vida	Informar sobre os programas existentes para promoção da saúde e da qualidade de vida dos servidores	anual
	4.1.2.	Redução do stress no trabalho	Informar as ações para diminuir o estresse e promover a interação dos servidores	anual
	4.1.3.	Participação dos servidores nos programas e/ou ações voltadas para a qualidade de vida no trabalho	(Quantidade de servidores que participaram de programas ou ações de qualidade de vida/ total de servidores da instituição) x 100	anual
4.2. Segurança no serviço e acessibilidade	4.2.1.	Comissão Interna de prevenção de acidentes	Informar se há ou não Comissão	anual
	4.2.2.	Brigada contra incêndios	Informar se há ou não Brigada	anual
	4.2.3.	Acesso apropriado para portadores de deficiência	Informar se há ou não acesso apropriado	anual

INDICADORES – SENSIBILIZAÇÃO E CAPACITAÇÃO DOS SERVIDORES				
Subtema	Código	Nome do Indicador	Descrição	Apuração
5.1. Ações de sensibilização para os servidores	5.1.1.	Curso para servidores	Listar os cursos realizados	anual
	5.1.2.	Campanhas	Listar as campanhas realizadas	anual
	5.1.3.	Publicações	Listar as publicações	anual
	5.1.4.	Comunicação	Listar as estratégias de comunicação utilizadas	anual
	5.1.5	Palestras	Listar palestras realizadas	anual
5.2. Capacitação de servidores	5.2.1.	Plano/Programa de capacitação de servidores	Informe se a instituição possui plano ou programas para capacitação dos servidores	anual
	5.2.2.	Servidores capacitados	Número de servidores capacitados	anual

D) Deverá ser promovida a **capacitação de servidores**.

E) Promover a **avaliação do projeto**, a fim de se criação um sistema de avaliação do Plano de Gestão Sustentável pela Comissão Gestora.

2.2. INSTRUÇÃO NORMATIVA MPOG 10, DE 12/11/2012 (PLANO DE GESTÃO DE LOGÍSTICA SUSTENTÁVEL NA ADMINISTRAÇÃO PÚBLICA FEDERAL)

O artigo 16, do Decreto 7.746/2012 previu que a Administração Pública federal direta, autárquica e fundacional e as empresas estatais dependentes deverá elaborar e implementar Planos de Gestão de Logística Sustentável, prevendo, no mínimo:

I – atualização do inventário de bens e materiais do órgão e identificação de similares de menor impacto ambiental para substituição;

II – práticas de sustentabilidade e de racionalização do uso de materiais e serviços;

III – responsabilidades, metodologia de implementação e avaliação do plano; e

IV – ações de divulgação, conscientização e capacitação.

Coube à Instrução Normativa do Ministério do Planejamento, Orçamento e Gestão 10, de 12 de novembro de 2012 instituir regras para elaboração dos

Planos de Gestão de Logística Sustentável (PLS), na Administração Pública Federal direta, autárquica, fundacional e nas empresas estatais dependentes.

Os Planos de Gestão de Logística Sustentável irão reger o processo de coordenação do fluxo de materiais, de serviços e de informações, do fornecimento ao desfazimento, que considera a proteção ambiental, a justiça social e o desenvolvimento econômico equilibrado.

São ferramentas de planejamento com objetivos e responsabilidades definidas, ações, metas, prazos de execução e mecanismos de monitoramento e avaliação, que permite ao órgão ou entidade estabelecer práticas de sustentabilidade e racionalização de gastos e processos na Administração Pública federal, devendo ser elaborados pelo órgão ou entidade e sua delegação e aprovação será de responsabilidade do Secretário-Executivo do respectivo Ministério, ou cargo equivalente no caso das Autarquias, Fundações e empresas estatais dependentes.

Deverá ser constituída a Comissão Gestora do Plano de Gestão de Logística Sustentável, composta por no mínimo três servidores, designados pelos respectivos titulares dos órgãos ou entidades.

As práticas de sustentabilidade e racionalização do uso de materiais e serviços deverão abranger, no mínimo, os seguintes temas:

I – material de consumo compreendendo, pelo menos, papel para impressão, copos descartáveis e cartuchos para impressão;
II – energia elétrica;
III – água e esgoto;
IV – coleta seletiva;
V – qualidade de vida no ambiente de trabalho;
VI – compras e contratações sustentáveis, compreendendo, pelo menos, obras, equipamentos, serviços de vigilância, de limpeza, de telefonia, de processamento de dados, de apoio administrativo e de manutenção predial; e
VII – deslocamento de pessoal, considerando todos os meios de transporte, com foco na redução de gastos e de emissões de substâncias poluentes.

Os PLS deverão ser formalizados em processos e, para cada tema acima citado deverão ser criados Planos de Ação com os seguintes tópicos:

I – objetivo do Plano de Ação;
II – detalhamento de implementação das ações;
III – unidades e áreas envolvidas pela implementação de cada ação e respectivos responsáveis;
IV – metas a serem alcançadas para cada ação;
V – cronograma de implantação das ações; e
VI – previsão de recursos financeiros, humanos, instrumentais, entre outros, necessários para a implementação das ações.

É possível acessar dezenas de PLS's de diversas esferas de governo no seguinte link: http://cpsustentaveis.planejamento.gov.br/pls-e-acoes-sustentaveis.

2.3. RESOLUÇÃO CNJ 201 DE 3 DE MARCO DE 2015 (DISPÕE SOBRE A CRIAÇÃO E COMPETÊNCIAS DAS UNIDADES OU NÚCLEOS SOCIOAMBIENTAIS NOS ÓRGÃOS E CONSELHOS DO PODER JUDICIÁRIO E IMPLANTAÇÃO DO RESPECTIVO PLANO DE LOGÍSTICA SUSTENTÁVEL)

Coube à Resolução 201/2015 do Conselho Nacional de Justiça dispor sobre a criação e competências das unidades ou núcleos socioambientais nos órgãos e conselhos do Poder Judiciário e implantação do respectivo Plano de Logística Sustentável (PLS-PJ).

Inicialmente, é necessário apresentar o glossário que consta do seu anexo I, necessário à boa interpretação do citado ato regulamentar, que reorganizamos em ordem alfabética crescente:

- **coleta seletiva:** coleta de resíduos sólidos previamente separados conforme sua constituição ou composição com destinação ambientalmente adequada;

- **coleta seletiva solidária:** coleta dos resíduos recicláveis descartados, separados na fonte geradora, para destinação às associações e cooperativas de catadores de materiais recicláveis; – critérios de sustentabilidade: métodos utilizados para avaliação e comparação de bens, materiais ou serviços em função do seu impacto ambiental, social e econômico;

- **compra compartilhada:** contratação para um grupo de participantes previamente estabelecidos, na qual a responsabilidade de condução do processo licitatório e gerenciamento da ata de registro de preços serão de um órgão ou entidade da Administração Pública Federal com o objetivo de gerar benefícios econômicos e socioambientais;

- **corpo funcional:** magistrados, servidores e estagiários;

- **força de trabalho auxiliar:** funcionários terceirizados.

- **gestão documental:** conjunto de procedimentos e operações técnicas para produção, tramitação, uso e avaliação de documentos, com vistas à sua guarda permanente ou eliminação, mediante o uso razoável de critérios de responsabilidade ambiental;

- **inventário físico financeiro:** relação de materiais que compõem o estoque onde figuram a quantidade física e financeira, a descrição, e o valor do bem;

- **logística sustentável:** processo de coordenação do fluxo de materiais, de serviços e de informações, do fornecimento ao desfazimento, que considerando o ambientalmente correto, o socialmente justo e o desenvolvimento econômico equilibrado;

- **material de consumo:** todo material que, em razão de sua utilização, perde normalmente sua identidade física e/ou tem sua utilização limitada a dois anos;

- **ponto de equilíbrio:** quantidade ideal de recursos materiais necessários para execução das atividades desempenhadas por uma unidade de trabalho, sem prejuízo de sua eficiência;

- **práticas de racionalização:** ações que tenham como objetivo a melhoria da qualidade do gasto público e o aperfeiçoamento contínuo na gestão dos processos de trabalho;

- **práticas de sustentabilidade:** ações que tenham como objetivo a construção de um novo modelo de cultura institucional visando à inserção de critérios de sustentabilidade nas atividades do Poder Judiciário;

- **resíduos recicláveis descartados:** materiais passíveis de retorno ao seu ciclo produtivo, rejeitados pelos órgãos do Poder Judiciário;

- **visão sistêmica:** identificação, entendimento e gerenciamento de processos inter-relacionados como um sistema que contribui para a eficiência da organização no sentido de atingir os seus objetivos.

> **IMPORTANTE**
>
> O citado ato regulamentar determinou que o Supremo Tribunal Federal, o Conselho Nacional de Justiça, o Superior Tribunal de Justiça, o Tribunal Superior do Trabalho, os Tribunais Regionais Federais e Juízes Federais, os Tribunais e Juízes do Trabalho, os Tribunais e Juízes Eleitorais, os Tribunais e Juízes Militares, os Tribunais e Juízes dos Estados e do Distrito Federal e Territórios, bem como nos demais conselhos, **devem criar unidades ou núcleos socioambientais,** estabelecer suas competências e implantar o respectivo **Plano de Logística Sustentável** (PLS-PJ).

QUESTÃO DE CONCURSO
CESPE 2016 – TÉCNICO DO TRE PERNAMBUCO
Acerca da sustentabilidade nos tribunais eleitorais, assinale a opção correta.
A) Os pedidos de material e o planejamento anual das unidades dos tribunais eleitorais, embasados na real necessidade de consumo, devem ser feitos considerando-se como parâmetro único os anos eleitorais.
B) Compete a cada órgão judicial instituir os indicadores mínimos de avaliação do seu desempenho ambiental, os quais devem ser condizentes com o Plano de Logística Sustentável do Poder Judiciário.
C) É vedada a subdivisão do Plano de Logística Sustentável do Poder Judiciário, que deve ser uniforme e homogêneo para os diversos órgãos do Poder Judiciário.
D) A adoção de modelos de gestão organizacional e de processos estruturados na promoção da sustentabilidade ambiental, econômica e social é obrigatória tanto para os órgãos quanto para os conselhos do Poder Judiciário.
E) A Comissão Interministerial de Sustentabilidade na Administração é órgão de natureza deliberativa quanto à implementação de critérios, práticas e ações de logística sustentável no âmbito da administração direta.
LETRA D

As unidades ou núcleos socioambientais[7] deverão estimular a reflexão e a mudança dos padrões de compra, consumo e gestão documental dos órgãos do Poder Judiciário, bem como do corpo funcional e força de trabalho auxiliar de cada instituição, devendo fomentar ações que estimulem:

I – o aperfeiçoamento contínuo da qualidade do gasto público;

II – o uso sustentável de recursos naturais e bens públicos[8];

III – a redução do impacto negativo das atividades do órgão no meio ambiente com a adequada gestão dos resíduos gerados[9];

IV – a promoção das contratações sustentáveis[10];

V – a gestão sustentável de documentos, em conjunto com a unidade responsável;

VI – a sensibilização e capacitação do corpo funcional, força de trabalho auxiliar e de outras partes interessadas; e

VII – a qualidade de vida no ambiente de trabalho, em conjunto com a unidade responsável.

QUESTÃO DE CONCURSO
CESPE 2016 – ANALISTA DO TRE PERNAMBUCO
Com relação às noções de sustentabilidade exigíveis para os órgãos da justiça eleitoral, assinale a opção correta. A) O instrumento convocatório das licitações poderá prever que o licitante vencedor adote, na execução dos serviços contratados, práticas de sustentabilidade, cuja certificação poderá ser feita somente por instituição pública oficial. B) A administração pública federal direta, mas não as entidades da administração indireta, pode adquirir bens e contratar serviços e obras considerando critérios e práticas de sustentabilidade. C) Consideram-se práticas de sustentabilidade os métodos utilizados para avaliação e comparação de bens, materiais ou serviços em função do seu impacto ambiental, social e econômico. D) Em razão de suas atribuições estratégicas e das mudanças de paradigma geradas por suas ações, as unidades ou os núcleos socioambientais devem, preferencialmente, ser subordinados à alta administração dos tribunais eleitorais. E) As unidades socioambientais devem ser criadas em todos os órgãos jurisdicionais em caráter emergencial, devendo ser extintas quando se alcançarem os indicadores de desempenho previstos no Plano de Logística Sustentável do Poder Judiciário.
LETRA D

---

7. As unidades ou núcleos socioambientais deverão, preferencialmente, ser subordinados à alta administração dos órgãos tendo em vista as suas atribuições estratégicas e as mudanças de paradigma que suas ações compreendem.
8. O uso sustentável de recursos naturais e bens públicos deverá ter como objetivos o combate ao desperdício e o consumo consciente de materiais, com destaque para a gestão sustentável de documentos como a implementação de processo judicial eletrônico e a informatização dos processos e procedimentos administrativos.
9. A adequada gestão dos resíduos gerados deverá promover a coleta seletiva, com estímulo a sua redução, ao reuso e à reciclagem de materiais, e à inclusão socioeconômica dos catadores de resíduos, em consonância com a Política Nacional de Resíduos Sólidos e as limitações de cada município.
10. A promoção das contratações sustentáveis deverá observar a integração dos aspectos ambientais, econômicos e sociais do desenvolvimento sustentável.

PARTE 2 • ATOS REGULAMENTARES ESPECÍFICOS DA ADMINISTRAÇÃO PÚBLICA

QUESTÃO DE CONCURSO
CONSULPLAN 2016 – ANALISTA DO TRF DA 2ª REGIÃO

Analise as afirmativas a seguir.

I. Os órgãos e conselhos do Poder Judiciário deverão adotar modelos de gestão organizacional e de processos estruturados na promoção da sustentabilidade ambiental, econômica e social.

II. As unidades ou núcleos socioambientais deverão estimular a reflexão e a mudança dos padrões de compra, consumo e gestão documental dos órgãos do Poder Judiciário, bem como do corpo funcional e força de trabalho auxiliar de cada instituição.

III. O uso sustentável de recursos naturais e bens públicos deverá ter como objetivos o combate ao desperdício e o consumo consciente de materiais, com destaque para a gestão sustentável de documentos como a implementação de processo judicial eletrônico e a informatização dos processos e procedimentos administrativos.

Nos termos da Resolução nº 201/2015 do Conselho Nacional de Justiça, que dispõe sobre a criação e competências das unidades ou núcleos socioambientais nos órgãos e conselhos do Poder Judiciário e implantação do respectivo Plano de Logística Sustentável, está(ão) correta(s) a(s) afirmativa(s)

A) I, II e III.
B) II, apenas.
C) III, apenas.
D) I e III, apenas.

LETRA A

Pela Resolução CNJ 201/2015, os órgãos e conselhos do Poder Judiciário deverão adotar modelos de gestão organizacional e de processos estruturados na promoção da sustentabilidade ambiental, econômica e social.

Ademais, as unidades ou núcleos socioambientais, em interatividade com as áreas envolvidas direta ou indiretamente com as contratações, deverão **fomentar a inclusão de práticas de sustentabilidade, racionalização e consumo consciente**, que compreende as seguintes etapas:

 I – estudo e levantamento das alternativas à aquisição de produtos e serviços solicitados, considerando:

 a) verificação da real necessidade de aquisição do produto e/ou serviço;

 b) existência no mercado de alternativas sustentáveis considerando o ciclo de vida do produto;

 c) a legislação vigente e as normas técnicas, elaboradas pela ABNT, para aferição e garantia da aplicação dos requisitos mínimos de qualidade, utilidade, resistência e segurança dos materiais utilizados;

 d) conformidade dos produtos, insumos e serviços com os regulamentos técnicos pertinentes em vigor expedidos pelo Inmetro de forma a assegurar aspectos relativos à saúde, à segurança, ao meio ambiente, ou à proteção do consumidor e da concorrência justa;

 e) normas da Anvisa quanto à especificação e classificação, quando for o caso;

 f) as Resoluções do CONAMA, no que couber;

g) descarte adequado do produto ao fim de sua vida útil, em observância à Política Nacional de Resíduos Sólidos;

II – especificação ou alteração de especificação já existente do material ou serviço solicitado, observando os critérios e práticas de sustentabilidade, em conjunto com a unidade solicitante;

III – lançamento ou atualização das especificações no sistema de compras e administração de material da instituição;

IV – dentre os critérios de consumo consciente, o pedido de material e/ou planejamento anual de aquisições deverão ser baseados na real necessidade de consumo até que a unidade possa atingir o ponto de equilíbrio.

Um dos Tribunais que pioneiramente aprovaram o PLS-PJ foi do Tribunal de Justiça do Distrito Federal, que vem servindo de exemplo, conforme notícia divulgada no sítio do TJDF em Julho de 2015:

Plano de logística sustentável desperta interesse de outros órgãos

21/07/2015 – 12h15

O Plano de Logística Sustentável (PLS) do Tribunal de Justiça do Distrito Federal e Territórios (TJDFT) vem despertando o interesse de outros órgãos do Poder Judiciário. Tema da Resolução 201 do Conselho Nacional de Justiça (CNJ), o PLS é uma ferramenta do Planejamento Estratégico voltada ao aperfeiçoamento contínuo da gestão dos gastos e consumos dos órgãos. Na última semana, o juiz assessor da Presidência do Tribunal de Justiça do Estado do Espírito Santo (TJES), desembargador Fernando Ferosa, visitou o Tribunal para conhecer a prática de implantação do PLS. Na ocasião, conheceu as unidades de Planejamento Estratégico e Gestão Socioambiental.

O magistrado considerou inovador e muito avançado o trabalho desenvolvido no âmbito do TJDFT, que foi motivo de visita também pelo Tribunal de Contas da União, Superior Tribunal de Justiça, Tribunal Regional do Trabalho da 3ª Região (MG) e Tribunais de Justiça de Tocantins, Pernambuco, Rio de Janeiro, Pará e Paraíba.

O Tribunal do DF vem utilizando uma ferramenta informatizada de *business intelligence,* que captura em tempo real os dados gerados em qualquer tipo de plataforma, desde que parametrizados. Essa ferramenta e a experiência do órgão na área de planejamento estratégico e gestão socioambiental permitiram ao TJDFT avançar na implantação do seu PLS.

O TJDFT já editou Portaria sobre a matéria (Portaria Conjunta 53/2015) e nomeou comitê gestor formado pelos titulares das áreas de planejamento, orçamento, predial, compras e gestão socioambiental, e presidido pelo secretário geral do órgão. Atualmente o PLS-TJDFT está na fase de coleta das metas de cada um dos indicadores de consumo e de qualidade de vida, a serem formuladas pelos gestores das unidades responsáveis. Esses também deverão propor iniciativas a serem postuladas para alcance das metas. O trabalho tem utilizado as ferramentas de planejamento da Casa.

O TJDFT vai monitorar também os consumos relativos à alteração de layouts e de materiais de escritório nas unidades onde vem sendo implantado o processo judicial eletrônico. O objetivo é a melhoria contínua do gasto público, com padrões sustentáveis para as compras, contratações e uso de materiais, minimizando o impacto socioambiental da atividade judicial.

A troca de boas práticas entre os órgãos do Poder Judiciário em relação ao PLS são uma orientação do CNJ, a fim de reduzir gastos na contratação de consultorias, somar esforços e agilizar os resultados práticos do Plano de Logística.

Fonte: TJDFT

IMPORTANTE

De efeito, o **Plano de Logística Sustentável (PLS-PJ)** é o instrumento vinculado ao planejamento estratégico do Poder Judiciário, com objetivos e responsabilidades definidas, ações, metas, prazos de execução, mecanismos de monitoramento e avaliação de resultados, que permite estabelecer e acompanhar práticas de sustentabilidade, racionalização e qualidade que objetivem uma melhor eficiência do gasto público e da gestão dos processos de trabalho, considerando a visão sistêmica do órgão, devendo ser aprovado pela alta administração do órgão.

Poderá ser subdividido, a critério de cada órgão, em razão da complexidade de sua estrutura, sendo que os PLS-PJ dos órgãos seccionais da Justiça Federal deverão estar em conformidade com o PLS-PJ do órgão a que é subordinado.

Deverá conter, no mínimo, um relatório consolidado do inventário de bens e materiais do órgão, com a identificação dos itens nos quais foram inseridos critérios de sustentabilidade quando de sua aquisição; práticas de sustentabilidade, racionalização e consumo consciente de materiais e serviços; responsabilidades, metodologia de implementação, avaliação do plano e monitoramento dos dados e ações de divulgação, sensibilização e capacitação.

Os órgãos e conselhos do Poder Judiciário deverão constituir comissão gestora do PLS-PJ composta por no mínimo cinco servidores, que serão designados pela alta administração no prazo de 30 dias a partir da constituição das unidades ou núcleos socioambientais, devendo a comissão gestora do PLS-PJ será composta, obrigatoriamente, por um servidor da unidade ou núcleo socioambiental, da unidade de planejamento estratégico e da área de compras ou aquisições do órgão ou conselho do Poder Judiciário.

Por sua vez, as práticas de sustentabilidade do PLS-PJ, racionalização e consumo consciente de materiais e serviços deverão abranger, no mínimo, os seguintes temas:

I – uso eficiente de insumos e materiais considerando, inclusive, a implantação do PJe e a informatização dos processos e procedimentos administrativos;
II – energia elétrica;
III – água e esgoto;
IV – gestão de resíduos;
V – qualidade de vida no ambiente de trabalho;
VI – sensibilização e capacitação contínua do corpo funcional, força de trabalho auxiliar e, quando for o caso, de outras partes interessadas;
VII – contratações sustentáveis, compreendendo, pelo menos, obras, equipamentos, combustível, serviços de vigilância, de limpeza, de telefonia, de processamento de dados, de apoio administrativo e de manutenção predial, conforme artigo 15;
VIII – deslocamento de pessoal, bens e materiais considerando todos os meios de transporte, com foco na redução de gastos e de emissões de substâncias poluentes.

O PLS-PJ deverá prever planos de ação que englobem os seguintes tópicos:

I – objetivo do plano de ação;
II – detalhamento de implementação das ações;
III – unidades e áreas envolvidas na implementação de cada ação e respectivos responsáveis;
IV – metas a serem alcançadas para cada ação;
V – cronograma de implementação das ações;
VI – previsão de recursos financeiros, humanos, instrumentais, entre outros, necessários para a implementação das ações.

Foram apresentadas as seguintes **sugestões de práticas de sustentabilidade**, racionalização e consumo consciente quanto à aquisição de materiais e à contratação de serviços:

Papel e suprimentos de impressão

1. Dar preferência ao uso de mensagens eletrônicas (e-mail) na comunicação evitando o uso do papel.
2. Evitar a impressão de documentos.
3. Fazer a revisão dos documentos antes de imprimi-los.
4. Sempre que possível, imprimir em fonte econômica (eco fonte) e frente e verso.

5. Configurar ou substituir os equipamentos de impressão e cópia para modo frente e verso automático.
6. Somente disponibilizar um cartucho/tonner novo ao receber o velho completamente vazio.
7. Reaproveitar as folhas impressas de um lado para nova impressão ou confecção de blocos de rascunho.
8. Dar preferência ao uso do papel reciclado ou não clorado;
9. Realizar campanhas de sensibilização e consumo consciente quanto ao uso do papel, e
10. Monitorar os dados de consumo e informá-los ao corpo funcional.

Sistemas informatizados

1. Promover o desenvolvimento de sistemas informatizados de documentos em substituição aos documentos impressos.
2. Interagir de forma eficiente com os sistemas eletrônicos de processos administrativos e/ou judiciais com o objetivo de evitar a impressão.
3. Digitalizar os documentos impressos.
4. Promover o uso de ferramentas virtuais na gestão administrativa para melhor controle, gerenciamento e atendimento de demandas.

Copos Descartáveis e águas engarrafadas

1. Substituir o uso de copos descartáveis por dispositivos retornáveis duráveis ou biodegradáveis.
2. Dar preferência para aquisição de copos produzidos com materiais que minimizem os impactos ambientais de seu descarte;
3. Incentivar o uso do copo retornável com campanhas de sensibilização e consumo consciente.
4. Monitorar os dados de consumo e informá-los ao corpo funcional.
5. Substituir o consumo de água engarrafada em copinhos plásticos de 200 ml e garrafas plásticas por garrafões de 20 litros, sistemas de filtragem ou bebedouros tendo em vista as questões econômico-financeiras e impactos ambientais negativos gerados pelos resíduos plásticos.
6. Os equipamentos como garrafões de 20 litros, bebedouros e sistemas de filtragem devem ser higienizados periodicamente de acordo com os normativos legais ou instruções do fabricante.

Material de limpeza

1. Usar preferencialmente produtos biodegradáveis de limpeza.
2. Incluir nos contratos de limpeza a capacitação e sensibilização periódica das equipes de limpeza.
3. Rever as rotinas de trabalho quanto à limpeza das instalações de modo a otimizar os serviços realizados.

Energia Elétrica

1. Fazer diagnóstico da situação das instalações elétricas e propor as alterações necessárias para redução de consumo.
2. Monitorar os dados de consumo e informá-los ao corpo funcional.
3. Desligar luzes e equipamentos ao se ausentar do ambiente.
4. Fechar as portas e janelas quando o ar condicionado estiver ligado para não diminuir sua eficiência.
5. Aproveitar as condições naturais do ambiente de trabalho – ventilação, iluminação natural.
6. Desligar alguns elevadores nos horários de menor movimento e promover campanhas de incentivo ao uso das escadas.
7. Revisar o contrato de energia visando à racionalização em razão da real demanda de energia elétrica.
8. Dar preferência, quando da substituição, a aparelhos de ar condicionado e outros equipamentos eletroeletrônicos mais modernos e eficientes, respeitadas as normas técnicas vigentes.
9. Buscar implementar soluções que tragam eficiência energética à edificação, como a substituição de lâmpadas fluorescentes por dispositivos em led, placas fotovoltaicas para captação de energia solar e outras tecnologias limpas para geração de energia.
10. Utilizar, sempre que possível, sensores de presença em locais de trânsito de pessoas.
11. Reduzir a quantidade de lâmpadas, estabelecendo um padrão por m² e estudando a viabilidade de se trocar as calhas embutidas por calhas "invertidas".
12. Realizar campanhas de sensibilização e consumo consciente quanto ao uso da energia.

Água e Esgoto

1. Realizar levantamento e monitorar, periodicamente, a situação das instalações hidráulicas e propor alterações necessárias para redução do consumo.
2. Monitorar os dados de consumo e informá-los ao corpo funcional.
3. Adotar medidas para evitar o desperdício de água como a instalação de descargas e torneiras mais eficientes e com dispositivos economizadores.
4. Não utilizar água nobre para fins não nobres (ex: lavagem de veículos, manutenção de jardins, lavagem de brises).
5. Criar rotinas periódicas para lavagem de grandes áreas e irrigação de jardins.
6. Dar preferência a sistemas de reuso de água e tratamento dos efluentes gerados.
7. Dar preferência a sistemas de medição individualizados de consumo de água.

8. Analisar a viabilidade de aproveitamento da água da chuva e poços artesianos, com a devida outorga, e

9. Realizar campanhas de sensibilização e consumo consciente quanto ao uso da água.

Gestão de resíduos

1. Promover a implantação da coleta seletiva em consonância com a Resolução CONAMA 275/2001, o Decreto 5.940/2006, a Lei 12.305/2010 e demais legislação pertinente, quanto ao estabelecimento de parcerias com cooperativas de catadores (sempre que possível, respeitadas as limitações dos municípios) e tabela de cores.

2. Promover a destinação ecologicamente correta dos resíduos gerados (desde material de expediente até óleos lubrificantes, pneus, pilhas, baterias, lixo eletrônico, quando houver).

3. Realizar campanhas de sensibilização e consumo consciente quanto ao descarte correto de resíduos.

4. Monitorar os dados de consumo e informá-los ao corpo funcional.

5. Implantar planos de gestão de resíduos de saúde nos casos cabíveis, conforme previsto na RDC ANVISA 306/2004.

6. Incluir nos contratos para cessão de espaço público que tenham como objetos restaurantes ou lanchonetes, previsão para que a contratada dê destino ecologicamente correto ao óleo de cozinha, apresentando relatório mensal dos resíduos gerados, e

7. Incluir nos contratos de manutenção predial a descontaminação e descarte ecologicamente correto de lâmpadas.

Qualidade de vida no ambiente de trabalho

1. Adotar medidas para promover um ambiente físico de trabalho seguro e saudável.

2. Adotar medidas para avaliação e controle da qualidade do ar nos ambientes climatizados.

3. Realizar manutenção ou substituição de aparelhos que provocam ruídos no ambiente de trabalho.

4. Promover atividades de integração e de qualidade de vida no trabalho.

5. Realizar campanhas, oficinas, palestras e exposições de sensibilização das práticas sustentáveis para os servidores, funcionários terceirizados e magistrados com divulgação por meio da intranet, cartazes eletrônicos e informativos.

6. Incentivar a adoção de práticas sustentáveis e colaborativas reconhecendo e premiando as unidades que possuem bons índices de consumo.

7. Incentivar a realização de cursos à distância com a temática da sustentabilidade reforçando as práticas realizadas no tribunal.

8. Buscar parcerias com a comunidade e órgãos da administração local no sentido de implementar possíveis inovações e serviços (ex.: coleta de óleo pela concessionária local, recolhimento de lixo eletrônico etc.), e

9. Trocar experiências com outros órgãos no sentido de buscar novas práticas.

Veículos e transporte

1. Dar preferência a contratos de aquisição de veículos com dação em pagamento.
2. Estabelecer rotas preferenciais entre os destinos mais utilizados considerando a redução no consumo de combustíveis e emissão de gases poluentes.
3. Utilizar preferencialmente combustíveis menos poluentes e de fontes renováveis como o etanol.
4. Estabelecer rotinas de manutenção preventiva nos veículos.
5. Dar preferência à lavagem ecológica de veículos oficiais, e
6. Estabelecer intervalos sustentáveis entre as lavagens de veículos oficiais.

Telefonia

1. Implantação de tecnologia VoIP – *Voice over Interne Protocol*: substituição de linhas analógicas por rede de dados e voz (ramais).

Mobiliário

1. Adquirir mobiliário observando as normas de ergonomia.
2. No caso dos itens em madeira, observar a origem legal do produto.

Desfazimento de documentos, materiais e bens móveis

1. Recomendar que o desfazimento de bens móveis e materiais tenha o apoio das unidades ou núcleos socioambientais, para identificação da melhor destinação, considerando o que estabelece Lei 12.305/2010, que institui a Política Nacional de Resíduos Sólidos e Decreto 7.404/2010, que regulamenta a mencionada Lei.
2. Descartar de forma ecologicamente correta os documentos e processos judiciais de acordo com a tabela de temporalidade e Recomendação CNJ 37/2011.
3. Incentivar ações de reutilização de materiais.

Contratações sustentáveis

1. Estimular contratações sustentáveis, ou seja, com a inserção de critérios de sustentabilidade na especificação do objeto.
2. Realizar análise de consumo antes da contratação para avaliação da real necessidade de aquisição.

Material de consumo – planejamento e uso

1. A unidade responsável pela administração de material do órgão deve controlar e monitorar os dados de consumo e informá-los às unidades de trabalho.
2. Os gestores devem informar ao corpo funcional os índices de consumo da unidade estimulando o consumo consciente em busca do ponto de equilíbrio.

Nas contratações efetuadas pelo órgão ou conselho deverão ser observadas as práticas de sustentabilidade na execução dos serviços, os critérios de sustentabilidade na aquisição de bens, tais como a rastreabilidade e origem dos insumos de madeira como itens de papelaria e mobiliário, a partir de fontes de manejo sustentável; a eficiência energética e nível de emissão de poluentes de máquinas e aparelhos consumidores de energia, veículos e prédios públicos; a eficácia e segurança dos produtos usados na limpeza e conservação de ambientes e os gêneros alimentícios.

Devem ainda ser observados os critérios e práticas de sustentabilidade no projeto e execução de obras e serviços de engenharia, em consonância com a Resolução CNJ 114/2010, assim como o emprego da logística reversa na destinação final de suprimentos de impressão, pilhas e baterias, pneus, lâmpadas, óleos lubrificantes, seus resíduos e embalagens, bem como produtos eletroeletrônicos e seus componentes, de acordo com a Política Nacional de Resíduos Sólidos, observadas as limitações de cada município.

Na elaboração do PLS-PJ poderão ser observadas as seguintes iniciativas da Administração Pública Federal:

I – Programa de Eficiência do Gasto Público (PEG), desenvolvido no âmbito da Secretaria de Orçamento Federal do Ministério do Planejamento, Orçamento e Gestão (SOF/MP);

II – Programa Nacional de Conservação de Energia Elétrica (Procel), coordenado pela Secretaria de Planejamento e Desenvolvimento Energético do Ministério de Minas e Energia (SPE/MME);

III – Agenda Ambiental na Administração Pública (A3P), coordenada pela Secretaria de Articulação Institucional e Cidadania Ambiental do Ministério do Meio Ambiente (SAIC/MMA);

IV – Coleta Seletiva Solidária, desenvolvida no âmbito da Secretaria-Executiva do Ministério do Desenvolvimento Social e Combate à Fome (SE/MDS);

V – Projeto Esplanada Sustentável (PES), coordenado pelo Ministério do Planejamento, Orçamento e Gestão, por meio da SOF/MP, em articulação com o Ministério do Meio Ambiente, Ministério de Minas e Energia e Ministério do Desenvolvimento Social;

VI - Contratações Públicas Sustentáveis (CPS), coordenada pelo órgão central do Sistema de Serviços Gerais (SISG), na forma da Instrução Normativa 1, de 19 de janeiro de 2010, da Secretaria da Logística e Tecnologia da Informação (SLTI/MP).

Ademais, a Resolução CNJ 201/2015 instituiu os **indicadores mínimos para avaliação do desempenho ambiental e econômico do Plano de Logística Sustentável do Poder Judiciário (PLS-PJ)**, que devem ser aplicados nos órgãos e conselhos do Poder Judiciário, conforme o seu Anexo I:

I - MATERIAIS DE CONSUMO		
Papel		
Nome do Indicador/Índice	**Descrição**	**Apuração**
Consumo de papel branco	Quantidade (resmas) de papel branco utilizadas	Mensal e anual
Gasto com aquisição de papel branco	Valor (R$) gasto com a compra de papel branco	Mensal e anual
Consumo de papel reciclado	Quantidade (resmas) de papel reciclado utilizadas	Mensal e anual
Gasto com aquisição de papel reciclado	Valor (R$) gasto com a compra de papel reciclado	Mensal e anual
Consumo total de papel branco e reciclado	Quantidade total de resmas de papel branco e reciclado utilizadas	Mensal e anual
Copos Descartáveis e água engarrafada		
Nome do Indicador/Índice	**Descrição**	**Apuração**
Consumo de copos de 200 ml descartáveis	Quantidade (centos) de copos de 200 ml/total corpo funcional + força de trabalho auxiliar	Semestral e anual
Gasto com aquisição de copos de 200 ml	Valor (R$) gasto com a compra de copos de 200 ml	Semestral e anual
Consumo de copos de 50 ml descartáveis	Quantidade (centos) de copos de 50 ml/total corpo funcional + força de trabalho auxiliar	Semestral e anual
Gasto com aquisição de copos de 50 ml	Valor (R$) gasto com a compra de copos de 50 ml	Semestral e anual
Gasto total com aquisição de copos descartáveis	Valor (R$) gasto com a compra de copos descartáveis (200 ml + 50 ml)	Semestral e anual
Consumo de água envasada em embalagens plásticas (com e sem gás - explicitar o volume em ml ou litro)	Quantidade (unidades) de garrafas descartáveis consumidas	Semestral e anual
Consumo de garrafões de água de 20 litros	Consumo de garrafões de água de 20 litros	Semestral e anual

Gasto com aquisição de água envasada em embalagens plásticas (com e sem gás – explicitar o volume em ml ou litro)	Valor (R$) gasto com a compra de garrafinhas plásticas (com e sem gás)	Semestral e anual
Gasto com aquisição de garrafões de 20 litros	Valor (R$) gasto com a compra de garrafões 20 litros	Semestral e anual
II – IMPRESSÃO DE DOCUMENTOS E EQUIPAMENTOS INSTALADOS		
Nome do Indicador/Índice	**Descrição**	**Apuração**
Impressões de documentos totais	Quantidade total de impressões/corpo funcional + força de trabalho auxiliar	Semestral e anual
Equipamentos instalados	Quantidade de equipamentos instalados por unidade de trabalho	Semestral e anual
Performance dos equipamentos instalados (índice de ociosidade baseada na capacidade máxima de impressão)	Quantidade de impressões/equipamentos instalados por unidade de trabalho	Semestral
Gasto com aquisições de suprimentos	Valor (R$) gasto com a compra de suprimentos	Anual
Gasto com aquisição de impressoras	Valor gasto com a compra de equipamentos de impressão	Anual
Gasto com contratos de outsourcing de impressão (equipamento + manutenção + impressão por folha + suprimento)	Valor (R$) gasto com o posto de impressão	Anual
III – ENERGIA ELÉTRICA		
Nome do Indicador	**Descrição**	**Apuração**
Consumo de energia elétrica	Quantidade de kWh consumidos	Mensal e anual
Consumo de energia elétrica por área construída	Quantidade de kWh consumidos/total da área construída	Mensal e anual
Gasto com energia elétrica	Valor (R$) da fatura	Mensal e anual
Gasto com energia elétrica	Valor (R$) da fatura/total área construída	Mensal e anual
Adequação do contrato de demanda (fora de ponta)	Demanda registrada fora de ponta/demanda contratada fora de ponta (%)	Mensal
Adequação do contrato de demanda (ponta)	Demanda registrada ponta/Demanda contratada ponta (5)	Mensal
IV – ÁGUA E ESGOTO		
Nome do Indicador	**Descrição**	**Apuração**
Volume de água consumido	Quantidade de m³ de água	Mensal e anual

Volume de água por área construída	Quantidade de m³ de água/total área construída	Mensal e anual
Gasto com água	Valor (R$) da fatura	Mensal e anual
Gasto com água por área construída	Valor (R$) da fatura/área total construída	Mensal e anual
V – GESTÃO DE RESÍDUOS		
Nome do Indicador	**Descrição**	**Apuração**
Destinação de papel para reciclagem	Quantidade (kg) de papel destinado à reciclagem	Mensal e semestral
Destinação de suprimentos de impressão para reciclagem	Quantidade (kg) de suprimentos de impressão destinados à reciclagem	Mensal e semestral
Destinação de plástico para reciclagem	Quantidade (kg) de plástico destinado à reciclagem	Mensal e semestral
Destinação de lâmpadas encaminhadas para descontaminação	Quantidade (unidades) de lâmpadas encaminhadas para descontaminação	Mensal e semestral
Destinação de pilhas e baterias encaminhadas para descontaminação	Quantidade (kg) de pilhas e baterias encaminhadas para descontaminação	Mensal e semestral
Destinação de madeiras para reaproveitamento	Quantidade (kg) de madeira destinada à reciclagem	Mensal e semestral
Destinação de vidros para reciclagem	Quantidade (kg) de vidros destinados à reciclagem	Mensal e semestral
Destinação de metais para a reciclagem	Quantidade (kg) de metais destinados à reciclagem	Mensal e semestral
Destinação de resíduos de saúde para descontaminação	Quantidade (kg) de resíduos de saúde destinados à descontaminação	Mensal e semestral
Destinação de resíduos de obras à reciclagem	Quantidade (kg) de resíduos de obras destinados à reciclagem	Anual
Destinação de resíduos de informática (fitas, cabos, mídias, dentre outros) à reciclagem	Quantidade (kg) de resíduos de informática (fitas, cabos, mídias, dentre outros) destinados à reciclagem	Anual
Total de material reciclável destinado às cooperativas	Quantidade (kg) de resíduos recicláveis destinados às cooperativas	Mensal e semestral
VI – QUALIDADE DE VIDA NO AMBIENTE DE TRABALHO		
Nome do Indicador	**Descrição**	**Apuração**
Participação dos servidores e/ou ações voltadas para a qualidade de vida no trabalho	(Quantidade de servidores que participaram de ações de qualidade de vida/total de servidores da instituição) x 100	Anual

Participação de servidores em ações solidárias (ex.: inclusão digital, alfabetização, campanhas voluntárias)	(Quantidade de servidores que participaram de ações solidárias/total de servidores da instituição) x 100	Anual
Ações de inclusão para servidores com deficiência	Quantidade de ações de inclusão	Anual

VII – TELEFONIA		
Nome do Indicador	**Descrição**	**Apuração**
Gasto médio do contrato de telefonia fixa	Valor (R$) da fatura/quantidade linhas	Mensal e Anual
Gasto médio do contrato de telefonia móvel	Valor (R$) da fatura/quantidade de linhas	Mensal e Anual
Gasto total do contrato de telefonia fixa	Valor (R$) da fatura de telefonia fixa	Mensal e anual
Gasto total do contrato de telefonia móvel	Valor (R$) da fatura de telefonia móvel	Mensal e anual

VII – VIGILÂNCIA		
Nome do Indicador	**Descrição**	**Apuração**
Valor inicial do posto	Valor total anual do contrato/quantidade de postos	Anual
Valor atual do posto	Valor total anual de repactuação/valor total anual de assinatura do contrato	Anual

IX – LIMPEZA		
Nome do Indicador	**Descrição**	**Apuração**
Gasto de limpeza pela área construída	Valor (R$) anual do contrato/área construída	Anual
Grau de repactuação	Valor total anual de repactuação/valor total anual da assinatura do contrato	Anual
Gasto com material de limpeza	Valor (R$) gasto com aquisição de material de limpeza	Anual

X – COMBUSTÍVEL		
Nome do Indicador	**Descrição**	**Apuração**
Consumo de gasolina da frota oficial de veículos	Quantidade de litros de gasolina consumidos/quantidade de km rodados	Mensal e Anual
Consumo de etanol da frota oficial de veículos	Quantidade de litros de etanol consumidos/quantidade de km rodados	Mensal e anual
Consumo de diesel da frota oficial de veículos	Quantidade de litros de diesel consumidos/quantidade de km rodados	Mensal e anual

XI – VEÍCULOS		
Nome do Indicador	**Descrição**	**Apuração**
Veículos para transporte de servidores, tramitação de documentos e demais atividades funcionais	Quantidade de veículos utilizados no transporte de servidores, tramitação de documentos e demais atividades funcionais/total de servidores	Anual
Veículos para transporte de magistrados	Quantidade de veículos utilizados no transporte de magistrados /total de magistrados	Anual
Gasto com manutenção dos veículos da frota	Valor (R$) da fatura do total de contratos de manutenção/ quantidade de veículos	Anual
XII – LAYOUT		
Nome do Indicador	**Descrição**	**Apuração**
Valor gasto com reformas nas unidades	Valor gasto com reformas nas unidades no ano vigente/ Valor gasto com reformas no ano anterior	Anual
XIII – CAPACITAÇÃO DE SERVIDORES EM EDUCAÇÃO SOCIOAMBIENTAL		
Nome do Indicador	**Descrição**	**Apuração**
Sensibilização e capacitação do corpo funcional e força de trabalho auxiliar	Quantidade de ações de sensibilização e capacitação	Anual

QUESTÃO DE CONCURSO
CESPE 2015 – ANALISTA DO STJ
O acompanhamento das práticas de sustentabilidade nos órgãos e conselhos do Poder Judiciário ainda depende da criação de indicadores mínimos para a avaliação do desempenho ambiental e econômico do PLS-PJ.
ERRADA (os indicadores já foram criados, conforme acima colacionados)

Notícia publicada no sítio do Tribunal Regional Federal da 2ª Região em 25/7/2016 aponta práticas sustentáveis de sucesso já adotados no Poder Judiciário:

> **25/7/2016 – CNJ: Ações de sustentabilidade nos tribunais economizam recursos públicos. TRF2 economiza com energia elétrica R$ 1 milhão em doze meses**
>
> Tribunais de todo o país se movimentam para elaborar e implantar ações de sustentabilidade ambiental em cumprimento à Resolução 201/2015 do Conselho Nacional de Justiça (CNJ), que determina a criação de núcleos

socioambientais e implantação do Plano de Logística Sustentável do Poder Judiciário (PLS). O objetivo é reduzir despesas, aplicar de forma eficiente os recursos e promover o uso consciente de materiais.

Algumas iniciativas como a redução do consumo de copos plásticos, reutilização da água, limitação do uso de combustível e telefone e diminuição do volume de impressões e cópias de documentos já viraram padrão nos tribunais de todo o país. A ordem agora é fazer mais com menos.

Algumas ideias inovadoras já estão surtindo efeito, como na sede do Tribunal Regional Federal da 1ª Região (TRF1), em Brasília. A colocação de garrafas PET como redutor de água das descargas de banheiro e o uso de tampas de detergente como redutor de vazão das torneiras já conseguem reduzir consideravelmente o consumo.

União de esforços

Com a divulgação da bem-sucedida experiência no TRF1, o Tribunal Regional do Trabalho da 16ª Região (TRT/MA) também lançou uma campanha interna para arrecadar garrafas PET e tampas. A ideia é usar esse material para economizar na conta de água. Assim como foi feito na capital federal, as garrafas arrecadadas no Maranhão serão utilizadas para redução dos volumes das descargas de 6 litros para 4,5 litros (redução de 25%) enquanto as tampas de detergente funcionarão como redutores de vazão das torneiras nos prédios do tribunal.

Além disso, o TRT-MA firmou parceria com a companhia energética local (Cemar) para implantação do Projeto Ecocemar. A parceria possibilita aos servidores, colaboradores, magistrados e jurisdicionados a troca dos resíduos sólidos (caixas, garrafas PET, produtos recicláveis) por bônus de até 65% na fatura da conta de luz ou doação do desconto para instituições filantrópicas.

Ainda no Maranhão, o Tribunal de Justiça (TJMA) também deflagrou o processo de implantação da coleta seletiva solidária no âmbito do Judiciário local. Neste mês, o TJ doou 50 kg de garrafas PET à Cooperativa de Reciclagem de São Luís, parceira da instituição no desenvolvimento do projeto. O TJMA também possui Plano de Logística Sustentável, com cronograma ajustado de maneira que seja desenvolvido um trabalho sistemático de educação voltado para a sustentabilidade e viabilidade das ações efetivas.

TI Verde

No Tribunal de Justiça Militar de Minas Gerais (TJM-MG), a construção da nova sede foi feita com material reciclado. Na obra de modernização do prédio, 1,13 tonelada de material de redes de cabeamento estruturado retornou para reciclagem, reduzindo a extração de minério de cobre em 107.635 toneladas, bem como o consumo de 10.831 kWh, energia suficiente para abastecer 73 residências durante um mês. Com a economia, o prédio ganhou o certificado Green IT, alusivo à sustentabilidade nas áreas de tecnologia da informação. Fornecido pelas empresas Digicomp e Furukawa, a certificação vem do Inglês Green IT *(Green Information Technology)*, ou "TI Verde", representando a prática de uso consciente dos recursos tecnológicos de forma eficiente e ambientalmente responsável.

Papel de bagaço

Outra novidade é o uso de papel produzido a partir das fibras recicladas do bagaço de cana-de-açúcar pelo Tribunal de Justiça de Santa Catarina (TJSC). Ao contrário da madeira de reflorestamento, que precisa de muitos anos para ser utilizada, o bagaço da cana-de-açúcar é uma matéria-prima de baixo custo e abundante praticamente o ano todo. A experiência foi idealizada pelas Divisões de Gestão Ambiental, Almoxarifado e Equipamentos do tribunal, e teve como inspiração a questão das licitações sustentáveis, um dos eixos temáticos da A3P – Agenda Ambiental na Administração Pública, do Ministério do Meio Ambiente, à qual o Tribunal aderiu em 2013.

Compras coletivas

Alguns tribunais estão se unindo para fazer compras coletivas e assim conseguirem melhores preços nas licitações. Em Pernambuco, existe o grupo "Ecos de Pernambuco", um comitê formado por representantes regionais dos tribunais do Trabalho, Federal, Eleitoral, de Contas e de Justiça. No Pará existe a "Aliança Verde", formada pelo Tribunal Regional do Trabalho da 8ª Região (PA e AP), pelo Tribunal de Justiça do Pará (TJPA), pelo Ministério Público do Trabalho do Pará (MP/PA), Ministério Público Federal e Tribunal de Contas do Pará (TC/PA). A proposta também é fazer compras coletivas em conjunto, para conseguir melhores preços para produtos comuns, como material de expediente, copos descartáveis e produtos de limpeza entre outros.

Energia

O TRT da 8º Região também foi destaque por ter investido e instalado painéis de energia solar na sua nova sede, em Macapá, que geram carga suficiente para toda a demanda do tribunal. A conta de energia é uma das mais pesadas dos tribunais de todo o país. Por isso, várias ações implementadas foram no sentido de economizar energia elétrica.

No Tribunal Regional Federal da 2ª Região (TRF 2), o modelo tarifário contratado para energia elétrica foi alterado, o que gerou uma economia de cerca de R$ 1 milhão em doze meses. Já no Tribunal Regional Federal da 4º Região (TRF 4), todas as lâmpadas foram trocadas por modelos mais econômicos.

Banco de boas práticas

O conselheiro do CNJ Norberto Campelo espera que até o final do segundo semestre já esteja disponível no Portal do CNJ o "banco de boas práticas", com uma lista de iniciativas sustentáveis já implantadas e com resultados positivos em vários tribunais, que podem servir de exemplo para outros estados. "Os gestores verão que não precisam inventar a roda, basta aplicar as experiências positivas que já estão funcionando em outros tribunais", afirmou o conselheiro.

*Fonte: Agência CNJ de Notícias

2.4. RESOLUÇÃO STF 561, DE 24 DE SETEMBRO DE 2015 (DISPÕE SOBRE A ELABORAÇÃO E A IMPLANTAÇÃO DO PLANO DE LOGÍSTICA SUSTENTÁVEL DO STF)

O Plano de Logística Sustentável do STF (PLS-STF), na sua elaboração e implementação, é regido pela Resolução 561/2015, sendo um instrumento vinculado ao planejamento estratégico do STF, com objetivos e responsabilidades definidas, ações, metas, prazos de execução, mecanismos de monitoramento e avaliação de resultados, a fim de permitir a adoção de práticas de sustentabilidade, de racionalização e de qualidade que objetivem melhorar a eficiência do gasto público e a gestão dos processos de trabalho, devendo ser aprovado pelo Diretor-Geral da Secretaria do STF mediante a edição de ato próprio.

Constitui o **conteúdo mínimo do PLS-STF** a previsão de práticas de sustentabilidade, de racionalização e de consumo consciente de materiais e serviços; de responsabilidades, metodologia de implementação, avaliação do plano e monitoramento dos dados e de ações de divulgação, sensibilização e capacitação, devendo abranger os seguintes assuntos:

I – uso eficiente de insumos e materiais considerando, inclusive, a implantação do processo judicial eletrônico e a informatização dos processos e procedimentos administrativos;

II – energia elétrica;

III – água e esgoto;

IV – gestão de resíduos;

V – contratações sustentáveis, compreendendo, pelo menos, obras, equipamentos, combustível, serviços de vigilância, de limpeza, de telefonia, de processamento de dados, de apoio administrativo e de manutenção predial;

VI – deslocamento de pessoal, bens e materiais, considerando todos os meios de transporte, com foco na redução de gastos e emissões de substâncias poluentes;

VII – qualidade de vida no ambiente de trabalho;

VIII – sensibilização e capacitação contínua do corpo funcional, força de trabalho auxiliar e, quando for o caso, de outras partes interessadas.

O PLS-STF deve prever **planos de ação** com o seguinte conteúdo, devendo os resultados alcançados ser avaliados anualmente pela Comissão Gestora da Agenda Ambiental do STF, utilizando como parâmetro os indicadores instituídos nos planos de ação e as boas práticas:

I – objetivo do plano de ação;

II – detalhamento de implementação das ações;

III – unidades e áreas envolvidas na implementação de cada ação e respectivos responsáveis;

IV – metas a serem alcançadas para cada ação;

V – cronograma de implementação das ações;

VI – previsão de recursos financeiros, humanos, instrumentais, entre outros, necessários à implementação das ações.

As licitações e contratações administrativas perpetradas pelo STF deverão observar critérios de sustentabilidade na aquisição de bens, tais como a rastreabilidade e origem dos insumos de madeira, como itens de papelaria e mobiliário, a partir de fontes de manejo sustentável; a eficiência energética e nível de emissão de poluentes de máquinas e aparelhos consumidores de energia, veículos e prédios públicos; a eficácia e segurança dos produtos usados na limpeza e conservação de ambientes; as práticas de sustentabilidade na execução dos serviços; os critérios e práticas de sustentabilidade no projeto e execução de obras e serviços de engenharia e o emprego da logística reversa na destinação final de suprimentos de impressão, pilhas e baterias, pneus, lâmpadas, óleos lubrificantes, seus resíduos e embalagens, bem como produtos eletroeletrônicos e seus componentes, de acordo com a Política Nacional de Resíduos Sólidos.

As iniciativas e as ações que resultarem em impacto positivo quanto aos aspectos ambientais, econômicos e sociais na gestão das unidades administrativas do STF serão elencadas no **banco de práticas de sustentabilidade**, racionalização e consumo consciente, a ser disponibilizado no sítio www.stf.jus.br.

Compete à Comissão Gestora da Agenda Ambiental do STF elaborar a proposta do PLS-STF e propor sua revisão, quando necessário; monitorar e avaliar a sua execução; promover estudos para subsidiar a instituição dos indicadores para avaliação do desempenho ambiental e econômico e gerir o banco de práticas de sustentabilidade, racionalização e consumo consciente e disponibilizá-lo no sítio do STF.

Vale registrar que o STF já aderiu à A3P, conforme notícia publicada no sítio oficial em 17 de Julho de 2015:

Agenda Ambiental

Com foco na preservação do meio ambiente e na racionalização de gastos, o STF aderiu à Agenda Ambiental da Administração Pública (A3P), do Ministério do Meio Ambiente. Uma comissão gestora, criada em março deste ano, é responsável por realizar diagnóstico ambiental do Tribunal com o intuito de elaborar um plano de logística sustentável com o estabelecimento de práticas de sustentabilidade e metas de economia.

Entre as ações que já integram o plano estão a coleta seletiva, com descarte correto de lixo e o envio de materiais para reciclagem, e a destinação adequada de eletrodomésticos, baterias, pilhas usadas e óleo de cozinha. Todas essas ações buscam o melhor aproveitamento dos resíduos gerados no Supremo e a disseminação de conhecimento entre servidores, colaboradores e todo o público que passa pelo Tribunal. As ações também cumprem outra função social ao contribuir, de forma indireta, com o aumento da renda das cooperativas de catadores.

O plano de logística sustentável compreenderá ainda metas de economia de água, energia, copos descartáveis, papéis e outros materiais de consumo. Nesse ponto, o principal desafio será conscientizar o público do STF de que a mudança de atitudes rotineiras – como desligar luzes e computador, utilizar ao máximo luz natural, usar canecas para tomar café e garrafinhas de água, evitar imprimir documentos desnecessários – pode causar, ao fim, grande impacto na redução de gastos públicos.

2.5. PORTARIA STJ 293 DE 31 DE MAIO DE 2012 (DISPÕE SOBRE A POLÍTICA DE SUSTENTABILIDADE NO SUPERIOR TRIBUNAL DE JUSTIÇA) E PLANO DE LOGÍSTICA SUSTENTÁVEL DO STJ

O STJ criou em 2008 o seu **Programa de Responsabilidade Socioambiental** para sensibilizar servidores, estagiários, prestadores de serviços e cidadãos em geral quanto à responsabilidade socioambiental de cada um, pois o STJ deve acompanhar o impacto de suas atividades na sociedade e no meio ambiente.

Compete ao Programa de Responsabilidade Socioambiental do STJ o fortalecimento institucional da consciência crítica sobre a problemática ambiental, social e econômica e o incentivo à participação individual e coletiva na preservação do equilíbrio do meio ambiente, bem como disseminar práticas socioambientais corretas e reforçar as já existentes, devendo manter registro de boas práticas na forma de guia ou dicas sustentáveis disponíveis na intranet do Tribunal.

Por sua vez, a Portaria 293/2012, da lavra do Diretor Geral, aprovou a Política de Sustentabilidade do Superior Tribunal de Justiça, fixando como

diretriz a harmonização dos objetivos sociais, ambientais e econômicos com vistas à preservação potencial da natureza para a produção de recursos renováveis, a limitação do uso dos recursos não renováveis e o respeito à capacidade de renovação dos sistemas naturais.

Adotou os seguintes **princípios**:

> I – atender os requisitos legais, acordos internacionais, normativos e outros definidos como aplicáveis;
>
> II – prevenir e minimizar os impactos ambientais advindos da prestação jurisdicional;
>
> III – conservar o meio ambiente, buscando a utilização das melhores práticas;
>
> IV – buscar o aperfeiçoamento contínuo de processos, serviços e entregas pelos fundamentos da sustentabilidade;
>
> V – promover a educação, capacitação, conscientização e sensibilização dos servidores e jurisdicionados sobre a necessidade de efetiva proteção ao meio ambiente.

Ademais, **objetiva** a implementação de ações que promovam o exercício dos direitos sociais; a gestão adequada dos resíduos gerados pelo Tribunal; o incentivo ao combate de todas as formas de desperdício dos recursos naturais; a inclusão dos conceitos e princípios de sustentabilidade nos projetos, processos de trabalho, investimentos, compras e contratações de obras e serviços realizados pelo Tribunal e a implementação de ações com vistas à eficiência energética.

Veja-se a atuação socioambiental do STJ com base em informações extraídas da página oficial do Tribunal[11]:

Gestão Socioambiental

O Superior Tribunal de Justiça baseia suas atividades nos eixos temáticos da Agenda Ambiental na Administração Pública – A3P, programa do Ministério do Meio Ambiente, criado em 1999, que tem como foco principal a adoção de novos padrões de consumo por parte do gestor público.

Gestão de resíduos

O STJ possui um trabalho consolidado de gestão de resíduos sólidos que consiste na conscientização sobre a importância da coleta seletiva e doação do material reciclável para cooperativas de catadores de materiais recicláveis, em consonância com o Decreto nº 5.940/2006.

---

11. www.stj.jus.br

São realizadas, ainda, campanhas específicas de gestão de resíduos voltadas ao corpo funcional, como a Campanha Ecotrônico, que recolhe resíduos eletrônicos; o Projeto Biguá, em parceria com a Caesb, que coleta óleo de cozinha usado; o Papa Cartão, que recolhe cartões de PVC. Além da Campanha Semanas de Descarte, cujo objetivo é sensibilizar quanto ao consumo consciente e planejamento racional de materiais e o STJ Reutiliza, ação voltada ao reaproveitamento de material inservível ou não reciclável para a produção de novos produtos ou insumos.

Licitações sustentáveis

Todos os processos de compras e aquisições do STJ são analisados pela Assessoria de Gestão Socioambiental em parceria com as unidades administrativas, desde a avaliação da necessidade da compra, passando pela revisão dos projetos básicos e termos de referência e análise do tipo de material utilizado nos bens com eventual sugestão de melhores opções disponíveis no mercado, até a destinação dos resíduos pela empresa contratada. A cada pedido de compras, reavalia-se a necessidade da aquisição e, se possível, sugere-se a substituição dos produtos por outros produzidos com materiais sustentáveis.

Qualidade de vida no ambiente de trabalho

O STJ realiza uma série de ações para aumentar a qualidade de vida no trabalho, como a Feira Orgânica, que oferece produtos orgânicos incentivando a alimentação saudável e a promoção do meio ambiente equilibrado, e o STJ Solidário que realiza ações de voluntariado e de capacitação de colaboradores terceirizados (Educação de Jovens e Adultos a Distância, Alfabetização de Adultos e Inclusão Digital). Além da AGS, outras unidades também desenvolvem ações nesta área.

Sensibilização e Capacitação

Como parte dos esforços de sensibilização e capacitação, e ainda como ferramenta de disseminação de boas práticas socioambientais, o STJ realiza uma série de eventos sobre a temática socioambiental, visando incentivar a participação individual e coletiva na preservação do meio ambiente e uso sustentável dos recursos naturais e bens públicos e conscientizar sobre a importância da adoção de práticas sustentáveis. Destacam-se o I e II Seminário de Planejamento Estratégico Sustentável do Poder Judiciário realizados, respectivamente, em 2014 e 2015. Do primeiro seminário resultou a minuta da Resolução CNJ n. 201/2015, e o segundo discutiu sua aplicabilidade.

Uso racional de recursos naturais e bens públicos

Com o objetivo de trabalhar este eixo foi criada a Campanha Consumo Consciente – Gestão mais Racional, que tem como objetivo combater o desperdício e promover o gasto público eficiente por meio da inserção de critérios de sustentabilidade nas atividades do Tribunal. Com base no consumo de cada unidade e seu impacto no valor total consumido pelo STJ, a AGS desenvolve palestras customizadas sobre a importância do planejamento de materiais, combate ao desperdício e mudanças de comportamento que influenciem nos padrões de consumo, otimizando a gestão nas unidades de trabalho.

A campanha, realizada em conjunto com a virtualização dos processos e com o outsourcing de impressoras, resultou numa economia de mais de R$ 6 milhões de reais em apenas dois anos de realização e ganhou o primeiro lugar do 5º Prêmio Melhores Práticas de Sustentabilidade da A3P, na categoria "Inovação na gestão pública", do Ministério do Meio Ambiente.

Com base na **política dos 5 R's** (art. 5º), prevista a A3P anteriormente estudada, deverá ser implementado no STJ o consumo sustentável a partir de uma gestão ambientalmente saudável das atividades administrativas e operacionais, respaldada pelos seguintes princípios:

I – **repensar** a necessidade de consumo e os padrões de produção e consumo;

II – **recusar** possibilidades de consumo desnecessário;

III – **reduzir**, consumir menos, optar por produtos que ofereçam menor potencial de geração de resíduos e tenham maior durabilidade;

IV – **reutilizar**, evitar que vá para o lixo aquilo que possa ser reaproveitado;

V – **reciclar**, transformar materiais usados em matérias-primas para outros produtos por meio de processos industriais ou artesanais.

IMPORTANTE

As especificações[12] para aquisição de bens, contratação de serviços e obras no STJ deverão conter critérios de sustentabilidade ambiental, considerando os processos de extração ou fabricação, transporte, utilização e descarte dos produtos e matérias-primas, sendo que, nas **licitações sustentáveis**, deverão ser estabelecidos **critérios de preferência** para as propostas que impliquem maior economia de energia, de água e de outros recursos naturais e a redução da emissão de gases de efeito estufa.

---

12. As especificações e demais exigências do projeto básico ou executivo para contratação de obras e serviços de engenharia deverão ser elaborados visando à economia da manutenção e operacionalização da edificação, à redução do consumo de energia e água, bem como à utilização de tecnologias e materiais que reduzam o impacto ambiental.

QUESTÃO DE CONCURSO
CESPE 2015 – ANALISTA DO STJ
As licitações realizadas pelo STJ devem estabelecer critérios de preferência para as propostas que impliquem maior economia de recursos naturais e a redução da emissão de gases de efeito estufa.
CERTA

QUESTÃO DE CONCURSO
CESPE 2016 – ANALISTA DO TRE PERNAMBUCO
Acerca dos critérios e das diretrizes para a promoção do desenvolvimento sustentável nas contratações realizadas pela administração pública federal, assinale a opção correta com base no que dispõe a PNMC.
A) A Comissão Interministerial de Sustentabilidade, criada no âmbito da administração pública federal, tem caráter temporário e visa à implementação de planos de gestão de logística sustentável no âmbito de cada órgão público.
B) A apresentação, pelo licitante vencedor, de bem ou serviço que seja considerado inadequado quanto às exigências de sustentabilidade implica sua imediata e sumária eliminação do certame.
C) As linhas de crédito e financiamento, desde que oriundas de agentes financeiros públicos, são consideradas instrumentos da PNMC.
D) Visando estimular processos e tecnologias que contribuam para a redução de emissões e a remoção de gases de efeito estufa, o poder público deve estabelecer critérios de preferência nas licitações públicas para as propostas que prevejam maior economia de energia e água.
E) Na aquisição de bens, a administração pública pode pleitear que os bens sejam constituídos por substâncias que reduzam o impacto ambiental, mas é vedada a exigência de que sejam constituídos de material reciclado ou biodegradável.
LETRA D

O STJ (art. 8º) também se adequou à Lei de Política Nacional de Resíduos Sólidos, estudada na parte I desta obra (Lei 12.305/2010), prevendo uma gestão dos resíduos com os seguintes objetivos:

I – **não geração de resíduos sólidos, redução, reutilização, reciclagem e tratamento dos resíduos sólidos gerados (ordem de prioridade prevista na Lei 12.305/2010);**

II – adequada gestão dos resíduos gerados mediante implementação de coleta seletiva e outras ferramentas relacionadas à implementação da responsabilidade compartilhada pelo ciclo de vida dos produtos;

III – estímulo à adoção de práticas sustentáveis de produção e consumo de bens e serviços de forma a atender as necessidades das atuais gerações e permitir melhores condições de vida, sem comprometer a qualidade ambiental e o atendimento das necessidades das gerações futuras;

IV – priorização, nas aquisições e contratações, para:

a) produtos reciclados e recicláveis;

b) bens, serviços e obras que considerem critérios compatíveis com padrões de consumo social e ambientalmente sustentáveis;

V – integração dos catadores de materiais reutilizáveis e recicláveis nas ações que envolvam a responsabilidade compartilhada pelo ciclo de vida dos produtos.

Deverão ser implantados no STJ programas de conservação de energia e de eficiência energética de modo a incentivar o desenvolvimento de processos tecnológicos e medidas destinadas a reduzir a degradação ambiental, devendo ainda contemplar o uso racional da água, assegurando a utilização do recurso em qualidade compatível com a exigência de uso para o qual for destinado[13], nos que mostra adequação à Lei 9.433/1997 (Política Nacional de Recursos Hídricos).

Por fim, os contratos, convênios ou instrumentos congêneres firmados pelo STJ, quando da formalização, renovação ou aditamento, deverão inserir cláusula que determine à parte ou partícipe a observância do disposto na Portaria 293/2012, no que couber.

Vale registrar que em 2015 o STJ aprovou o seu Plano de Logística Sustentável (PLS-STJ), através da Resolução 17, de 16/12/2015, contendo um diagnóstico entre 2009 e 2015, bem como indicadores e metas para cumprimento até o ano de 2020.

QUESTÃO DE CONCURSO
CESPE 2015 – ANALISTA DO STJ
O STJ tem a atribuição de monitorar e avaliar os PLSs dos órgãos que compõem o Poder Judiciário
ERRADA: sem previsão normativa

De acordo com o PLS-STJ,

> Diversas práticas fazem do Superior Tribunal de Justiça instituição de referência no Poder Judiciário e no Governo Federal, entre as quais uma gestão baseada no planejamento estratégico, promovendo a aplicação das diretrizes organizacionais por meio de elaboração e gerenciamento de

---

13. A gestão dos recursos hídricos no STJ deverá se basear na implantação de programas de conservação de água de modo a induzir o desenvolvimento de novas tecnologias que visam à economia de água por meio da redução do consumo, da detecção e correção das perdas, do aproveitamento da água da chuva e o reuso das águas servidas.

projetos. Além disso, o Tribunal também investe na otimização dos processos de auditoria e de trabalho e na gestão da qualidade para melhoria da performance institucional e satisfação da sociedade.

A implantação do PLS se unirá a todos esses esforços trazendo ainda mais benefícios à gestão do STJ, já reconhecida como referência em todas essas áreas. Ações como a sugerida pela Secretaria dos Órgãos Julgadores – SOJ, de implementação do mandado judicial eletrônico, resultam em economia significativa no consumo de papel e número de impressões, impactando positivamente ambiental e economicamente. Diversos são os exemplos de contribuições similares nos meses de elaboração desse documento.

As parcerias entre as unidades do tribunal estimuladas pela metodologia de elaboração do PLS e pelas estratégias definidas no Plano de Ações resultarão em ganhos diretos como a melhoria na comunicação, combate ao retrabalho, divulgação e multiplicação de boas práticas na instituição e na sua cadeia de *stakeholders*.

O sucesso do PLS-STJ já é uma referência entre os órgãos do Judiciário e demais Poderes da União e sua metodologia de elaboração vem sendo replicada. É fundamental que as unidades envolvidas entendam a importância da conscientização coletiva em prol de uma vida mais sustentável e da integração de ideias para a construção de metas tangíveis que resultem numa administração cada vez mais eficiente e racional.

As metas do PLS-STJ foram definidas com base em uma série de ações detalhadas para cada tema a partir de contribuições construídas coletivamente que podem ser acessadas no Plano de Ações.

Vale registrar que ao final de cada ano deverá ser elaborado relatório de desempenho do PLS-STJ contendo a consolidação dos resultados alcançados e a evolução anual do desempenho dos indicadores com foco socioambiental e econômico.

2.6. GUIA PRÁTICO DE LICITAÇÕES SUSTENTÁVEIS DO STJ

No ano de 2015 o STJ aprovou o seu Guia de Licitações Sustentáveis, com vista às boas práticas no processo de gestão de compras da Corte Superior, em consonância com o Acórdão TCU 2.831/2015 que recomendou a sua elaboração.

Na sua apresentação aponta-se como principal objetivo facilitar a interação entre a Coordenadoria de Compras e Contratos – COCC, a Comissão de Licitações Sustentáveis – CLS e as áreas gestoras nos processos de aquisição e contratação de serviços no STJ, em obediência aos princípios estabelecidos na Lei n. 8.666/93, em particular ao desenvolvimento nacional sustentável.

O Guia aponta dezesseis procedimentos básicos que devem ser verificados antes da realização de um pedido de compra ou contratação:

1. Verificar/avaliar a real necessidade de aquisição do material/equipamento ou da contratação do serviço, objeto da futura solicitação.

2. Verificar legislação incidente.

3. O repensar e a verificação de necessidade incluem, também, tarefas como (se couber):

a. verificar estrutura disponível;

b. acessórios necessários;

c. vida útil;

d. assistência técnica;

e. custos de instalação;

f. custos de manutenção;

g. demandas de outras unidades/seções por serviço/produtos semelhantes;

h. características adicionais do serviço/produto necessários para garantia de qualidade, durabilidade, eficiência de uso, segurança, salubridade, conforto, acessibilidade, eficiência dos materiais, uso racional de recursos naturais (água, energia e matéria- -prima), destinação dos resíduos e logística reversa, potencial de reaproveitamento e reciclagem.

4. Pesquisar similar mais sustentável no mercado.

5. O material a ser adquirido ou o serviço a ser contratado deverão ser satisfatoriamente identificados, de modo que o mercado consiga determinar, perfeitamente, o que se pretende adquirir/contratar. O objeto de uma licitação quando inadequadamente ou insuficientemente identificado inviabiliza todo o trabalho realizado pelo solicitante.

6. No caso de materiais de consumo, o objeto deverá ser solicitado segundo as estimativas de consumo de utilização para um período de doze meses para evitar tanto o excesso quanto a carência de materiais.

7. Verificar, nos casos de material de consumo ou material permanente, junto à Coordenadoria de Suprimentos e Patrimônio – CSUP, a existência de estoque do material/equipamento objeto da solicitação.

8. Verificar, nos casos de material de consumo ou material permanente, junto à Coordenadoria de Compras e Contratos – COCC, a existência de ata de registro de preços – ARP válida e com saldo suficiente para atender a demanda pretendida.

9. Verificar, no caso de aquisição de material permanente (equipamento), a disponibilidade em almoxarifado dos insumos necessários à realização da primeira operação do equipamento, bem como verificar se, no local onde se pretende instalar o equipamento, há infraestrutura suficiente e adequada para tal, bem como para a realização dos primeiros testes quando ele for entregue.

10. Verificar, no caso de material de consumo, se há, no local onde ele deverá ser entregue, condições adequadas para sua guarda e acondicionamento dentro das indicações do fabricante (Ex.: luminosidade, temperatura, umidade etc.). As condições de guarda e armazenamento que não permitam a deterioração do material, nem a perda do prazo de validade ou garantia.

11. Verificar se o material de consumo, equipamento ou serviço a ser solicitado não são regulados por setor específico da instituição. Pedidos de natureza complexa ou específica devem ser realizados por profissional ou por setores da instituição que detêm competência técnica para tanto:

a. as obras, reformas e readequações pela Secretaria de Gestão Predial;

b. equipamento e material de laboratório pela Secretaria de Serviços Integrados da Saúde;

c. obras e materiais bibliográficos, periódicos, jornais e revistas de circulação nacional, a solicitação é responsabilidade da Biblioteca Ministro Oscar Saraiva;

d. concessão de diárias de viagem e passagens aéreas é responsabilidade da Seção de Apoio Logístico/SAD;

e. veículos – Coordenadoria de Transporte;

f. gêneros alimentícios – Seção de Copa;

g. equipamento e suprimento de informática devem ser solicitados com o apoio e participação da Secretaria de Tecnologia da Informação e Comunicação;

h. mobiliário pela Coordenadoria de Suprimentos e Patrimônio.

12. Caso a CSUP informe que não há estoque do material de consumo ou permanente ou, ainda, caso a COCC informe a não existência de ata de registro de preços que atenda o objeto solicitado, a unidade demandante deverá realizar pedido de material/ serviço no Sistema Administra, em conformidade, no que for possível, com o art. 15 da Lei n. 8.666/93.

13. De acordo com o art. 7º da Lei n. 8.666/1993, é condição essencial para a instauração de procedimento licitatório a elaboração do projeto básico.

14. A unidade solicitante deve informar, no pedido de compra ou de contratação, o código de execução orçamentária no intuito de ratificar que a despesa está prevista.

15. O pedido de compra/serviço deve ser formulado no Sistema Administra – módulo "Pedido de Material/ contratação" entre os dias 2 e 24 de cada mês e deverá, obrigatoriamente, vir acompanhado das seguintes informações:

a. Termo de referência/projeto básico;

b. Submissão à autoridade competente para aprovação;

c. Informação do código de execução orçamentária para a referida despesa.

16. Os pedidos de aquisição ou contratação de serviços deverão ser elaborados levando-se em consideração critérios de sustentabilidade (Lei n. 8.666/93 art. 3º, IN/MPOG n. 1/2010 e Decreto n. 7.746 de 5/6/2012, Política de Sustentabilidade do STJ).

O Guia considera como contratações mais sustentáveis, que devem ser priorizadas pelo STJ, as seguintes:

a) cujo processo produtivo implique menor uso de energia, água e matéria- prima;

b) cujo processo produtivo implique geração reduzida de resíduos tóxicos e gases de efeito estufa;

c) oriundos de fonte renovável;

d) cujos resíduos gerados no fim da sua vida útil possam ser reciclados, reaproveitados ou ainda retornados à cadeia produtiva, ou ainda destinados, conforme o sistema de logística reversa, para destinação final adequada (nos termos da Lei n. 12.305/2010);

e) que possuam qualidade, sejam úteis, duráveis e resistentes, com redução dos custos de manutenção.

f) Cuja vida útil esteja em equilíbrio com seu custo-benefício, inclusive de manutenções, se for o caso;

g) para os casos em que couber, que os centros de assistência técnica instalados ou técnicos residentes sejam locais ou em localidades próximas da região Centro-Oeste;

h) devem ser, preferencialmente, acondicionados em embalagem que utilize materiais reciclados ou recicláveis, com o menor volume possível, porém com garantia de proteção durante o transporte e o armazenamento, conforme IN n. 1 da SLTI/MPOG de 19 de janeiro de 2010;

i) que privilegiam a produção local, incentivando o desenvolvimento local e contribuindo para a redução dos custos de transporte: uso de combustíveis fósseis, emissão de gases de efeito estufa;

j) no caso de alimentos, para aqueles oriundos da pequena produção local, ou oriundos do cerrado, ou ainda os produzidos pelo sistema orgânico, privilegiando, quando possível, frutas, verduras e legumes da estação;

k) em que as substâncias tóxicas podem ser substituídas por outras atóxicas ou de menor toxicidade.

2.7. ATO CONJUNTO CSJT.TST.GP Nº 24/2014 (INSTITUI A POLÍTICA NACIONAL DE RESPONSABILIDADE SOCIOAMBIENTAL DA JUSTIÇA DO TRABALHO) E O PLANO DE LOGÍSTICA SUSTENTÁVEL DO TST

Coube ao Ato Conjunto 24/2014, da lavra do Presente do Tribunal Superior do Trabalho e do Conselho Superior da Justiça do Trabalho, instituir a Política Nacional de Responsabilidade Socioambiental da Justiça do Trabalho – PNRSJT, estabelecendo princípios, objetivos, instrumentos e diretrizes a serem observados na formulação de políticas próprias do Conselho Superior da Justiça do Trabalho – CSJT, do Tribunal Superior do Trabalho – TST e dos Tribunais Regionais do Trabalho – TRTs.

IMPORTANTE

Inicialmente, é necessário apresentar o glossário que consta do Ato Conjunto, necessário à sua boa interpretação:

I – **Accountability** – princípio que pressupõe responsabilizar-se pelas consequências de suas ações e decisões, respondendo pelos seus impactos na sociedade, na economia e no meio ambiente, principalmente aqueles com consequências negativas significativas, prestando contas aos órgãos de governança da organização, a autoridades legais e, de modo mais amplo, às partes interessadas, declarando os seus erros e as medidas cabíveis para remediá-los;

QUESTÃO DE CONCURSO
FCC 2015 – ANALISTA DO TRT 23ª REGIÃO (MT)
De acordo com o Ato Conjunto CSJT.TST.GP no 24/2014, o princípio que pressupõe responsabilizar-se pelas consequências de suas ações e decisões, respondendo pelos seus impactos na sociedade, na economia e no meio ambiente, principalmente aqueles com consequências negativas significativas, prestando contas aos órgãos de governança da organização, a autoridades legais e, de modo mais amplo, às partes interessadas, declarando os seus erros e as medidas cabíveis para remediá-los é expressamente o Princípio
(A) do meio ambiente interativo.
(B) Social Comunicativo.
(C) da sustentabilidade vinculada.
(D) do impacto ambiental de verificação.
(E) *Accountability*.
CORRETA: LETRA E

IMPORTANTE

II – Agente público – é todo aquele que exerce, ainda que transitoriamente ou sem remuneração, por eleição, nomeação, designação, contratação ou qualquer forma de investidura ou vínculo, mandato, cargo, emprego ou função pública;

III – Boas práticas – iniciativas e ações reconhecidas pela eficiência, eficácia e efetividade, revestidas de valor para os envolvidos e que possam ser replicadas;

IV – Comportamento ético e responsável – comportamento que esteja de acordo com os princípios de conduta moral aceitos no contexto de uma situação específica, com base nos valores de honestidade, equidade e integridade, implicando a preocupação com pessoas, animais e meio ambiente, e que seja consistente com as normas internacionais de comportamento;

V – Corpo funcional – magistrados e servidores da Justiça do Trabalho;

VI – Impacto ambiental – alteração positiva ou negativa no meio ambiente ou em algum de seus componentes por determinada ação ou atividade humana;

VII – Meio ambiente – conjunto de condições, leis, influências e interações de ordem física, química e biológica, que permite, abriga e rege a vida em todas as suas formas;

VIII – Organizações comunitárias locais – conjunto de pessoas de uma determinada região que empreendem esforços para obtenção de melhorias para a comunidade, em parceria ou não com o Estado e/ou outros atores sociais. Essas organizações comunitárias podem ser formais ou informais;

IX – Partes interessadas – pessoa ou grupo que tem interesse nas decisões e atividades da organização ou por ela possa ser afetada. A parte interessada pode também ser chamada de stakeholder;

X – Práticas leais de operação – conduta ética no relacionamento dos órgãos da Justiça do Trabalho com outras organizações, como órgãos públicos, parceiros, fornecedores de bens e serviços e outras organizações com as quais interagem;

XI – Práticas internas de trabalho – compreende as políticas e práticas de trabalho realizadas dentro, para e em nome da organização, por magistrados, servidores e demais agentes públicos;

XII – Responsabilidade socioambiental – responsabilidade de uma organização pelos impactos de suas decisões e atividades na sociedade e no meio ambiente, por meio de um comportamento ético e transparente, que:

a) contribua para o desenvolvimento sustentável, inclusive a saúde e bem estar da sociedade;

b) leve em consideração as expectativas das partes interessadas e os interesses difusos e coletivos;

c) esteja em conformidade com a legislação aplicável e seja consistente com as normas internacionais de direitos humanos, direitos sociais, proteção ao trabalho e de comportamento; d) esteja integrada em toda a organização e seja praticada em suas relações;

XIII – Sustentabilidade – interação do ser humano com o planeta que considere a manutenção da capacidade da Terra de suportar a vida em toda a sua diversidade e não comprometa a satisfação das necessidades de populações presentes e futuras. Essa interação inclui objetivos de qualidade de vida, justiça e participação social;

XIV – **Trabalho Decente** – o Trabalho Decente é o ponto de convergência dos quatro objetivos estratégicos da OIT: respeito aos direitos no trabalho (em especial aqueles definidos como fundamentais pela Declaração Relativa aos Direitos e Princípios Fundamentais no Trabalho e seu seguimento adotada em 1998: (i) liberdade sindical e reconhecimento efetivo do direito de negociação coletiva; (ii) eliminação de todas as formas de trabalho forçado; (iii) abolição efetiva do trabalho infantil; (iv) eliminação de todas as formas de discriminação em matéria de emprego e ocupação), a promoção do emprego produtivo e de qualidade, a extensão da proteção social e o fortalecimento do diálogo social;

XV – **Trabalho voluntário** – atividade não remunerada realizada por pessoa física, sem vínculo empregatício, para entidade pública de qualquer natureza ou para instituição privada sem fins lucrativos, que tenha objetivos cívicos, culturais, educacionais, de inclusão social, de fortalecimento da cidadania, científicos, recreativos ou de assistência social, inclusive mutualidade;

XVI – **Transparência** – franqueza sobre decisões e atividades que afetam a sociedade, a economia, e o meio ambiente, assim como a disposição de comunicá-las de forma clara, precisa, acessível, tempestiva, honesta e completa;

XVII – **Usuário** – indivíduo, profissional ou organização que utiliza os serviços da Justiça do Trabalho.

Destaca-se a expressão "**accountability**", que significa **responsabilidade com ética**, que reflete neste contexto a obrigação dos órgãos e agentes da Justiça do Trabalho de prestar contas aos órgãos superiores controladores e a toda a sociedade por questões democráticas, sendo um aspecto fundamental da governança no Poder Público.

São **princípios** da Política Nacional de Responsabilidade Socioambiental da Justiça do Trabalho:

I – Sustentabilidade;

II – Compromisso com o trabalho decente;

III – Accountability;

IV – Transparência;

V – Comportamento ético;

VI – Respeito aos interesses das partes interessadas (stakeholders);

VII – Respeito pelo Estado Democrático de Direito;

VIII – Respeito às Normas Internacionais de Comportamento;

IX – Respeito pelos Direitos Humanos.

São seus **objetivos** estabelecer instrumentos e diretrizes de responsabilidade socioambiental; promover a integração e a efetividade das ações de responsabilidade socioambiental; promover o valor social do trabalho e a dignificação do trabalhador; promover a gestão eficiente e eficaz dos recursos sociais, ambientais e econômicos e contribuir para o fortalecimento das políticas públicas voltadas para o desenvolvimento sustentável.

Deverá o Conselho Superior da Justiça do Trabalho, o Tribunal Superior do Trabalho e os Tribunais Regionais do Trabalho devem possuir **unidade de Gestão Socioambiental** que tenha como atribuição propor, coordenar, planejar, organizar, assessorar, supervisionar e apoiar as atividades do órgão, a fim de promover a integração e a efetividade da responsabilidade socioambiental, devendo ainda constituir **Comissão** multissetorial, à qual caberá acompanhar e dar suporte à unidade de Gestão Socioambiental no planejamento das ações e na proposição de projetos socioambientais.

Outrossim, os Tribunais designarão **agentes multiplicadores**, voluntários, em cada uma das unidades de apoio administrativo e judiciário, que terão a atribuição de estimular o comportamento proativo e zelar pelas práticas socioambientais em seus locais de trabalho.

IMPORTANTE

São **instrumentos** para a implementação da Política Nacional de Responsabilidade Socioambiental da Justiça do Trabalho a **Capacitação** (o CSJT, o TST e os TRTs devem inserir o tema da responsabilidade socioambiental em seus programas de capacitação para magistrados e servidores, a fim de desenvolver conhecimentos, habilidades e atitudes em consonância com os princípios e diretrizes desta Política) e a **Comunicação** (as áreas de comunicação do CSJT, do TST e dos TRTs deverão incluir a responsabilidade socioambiental e as ações a ela vinculadas em seu plano de comunicação).

Outro instrumento é o **Encontro Anual**, a fim tratar da responsabilidade socioambiental da Justiça do Trabalho com o objetivo de proporcionar maior participação de magistrados e servidores, a fim de que a Política tenha maior alcance; de compartilhar experiências que aprimorem as atuações dos Tribunais e sirvam de subsídios para a atualização da Política e de promover a corresponsabilidade e a descentralização do debate sobre o tema.

O quarto instrumento é o **Relatório Anual**, devendo o Conselho Superior publicar, anualmente, o Relatório de Responsabilidade Socioambiental da Justiça do Trabalho, com base nos relatórios apresentados pelos Tribunais.

O quinto instrumento é o **Comitê Gestor**, que deverá revisar e atualizar a Política Nacional de Responsabilidade Socioambiental da Justiça do Trabalho; manter atualizado o Banco de Boas Práticas da Justiça do Trabalho com as informações referentes à responsabilidade socioambiental da Justiça do Trabalho e organizar os Encontros Anuais de Responsabilidade Socioambiental da Justiça do Trabalho.

PARTE 2 • ATOS REGULAMENTARES ESPECÍFICOS DA ADMINISTRAÇÃO PÚBLICA 167

> **IMPORTANTE**
>
> Ademais, foram estabelecidos **seis eixos de atuação** da Política Nacional de Responsabilidade Socioambiental da Justiça do Trabalho: **Direitos Humanos, Práticas internas de trabalho, Meio ambiente, Práticas leais de operação, Questões relativas ao usuário-cidadão e Envolvimento e desenvolvimento da comunidade.**

Os órgãos da Justiça do Trabalho deverão atender às seguintes diretrizes em **direitos humanos**: promover o respeito à diversidade e à equidade, de forma a combater a discriminação que se baseie em preconceito e envolva distinção, exclusão e preferência que tenham o efeito de anular a igualdade de tratamento ou oportunidades; garantir a acessibilidade às pessoas com deficiência ou com mobilidade reduzida em todas as suas instalações, serviços e processos; contribuir para a erradicação do trabalho infantil e para proteger o adolescente do trabalho ilegal e contribuir para a eliminação de todas as formas de trabalho forçado ou compulsório.

Por sua vez, no que concerne às **práticas internas de trabalho**, considerando a proteção constitucional ao meio ambiente do trabalho prevista no artigo 200, inciso VIII, da Constituição, deverão promover a elaboração de suas políticas próprias, devendo garantir a melhoria efetiva da qualidade de vida no trabalho, atendendo às seguintes diretrizes em práticas internas de trabalho: promover a saúde ocupacional e prevenir riscos e doenças relacionados ao trabalho; valorizar o corpo funcional, promovendo o seu desenvolvimento pessoal e de suas competências profissionais de forma equânime; estabelecer critérios objetivos para lotação e ocupação de funções com base nas competências do servidor; prevenir e coibir o assédio moral e sexual, garantindo relações de trabalho nas quais predominem a dignidade, o respeito e os direitos do cidadão; proporcionar condições de trabalho que permitam equilíbrio entre trabalho e vida pessoal e fornecer aos magistrados e servidores, de forma acessível, clara, compreensível e antecipada, todas as informações sobre os atos administrativos que possam afetá-los.

Outrossim, devem ser atendidas as seguintes diretrizes em termos de **meio ambiente**:

> I – Identificar riscos, potenciais e efetivos, e promover ações que objetivem evitar e mitigar impactos ambientais negativos, provocados por suas atividades;
>
> II – Realizar contratações de bens e serviços que atendam a critérios e práticas de sustentabilidade;
>
> III – Construir, reformar e manutenir as edificações atendendo a critérios e práticas de sustentabilidade;

IV – Elaborar plano de gerenciamento de resíduos sólidos em conformidade com a Política Nacional dos Resíduos Sólidos;

V – Promover a gestão sustentável dos recursos naturais, mediante redução do consumo, uso eficiente de insumos e materiais, bem como minimizar a geração de resíduos e poluentes;

VI – Promover práticas que incentivem o transporte compartilhado, não motorizado ou não poluente, disponibilizando estrutura adequada, conforme o caso.

Ainda deverão ser atendidas as diretrizes em **Práticas Leais de Operação**:

I – Combater a corrupção e a improbidade administrativa mediante a identificação dos riscos, o fortalecimento de instrumentos que eliminem tais práticas e a conscientização de magistrados, servidores, empresas terceirizadas e fornecedores;

II – Fortalecer os canais de comunicação para denúncia de práticas e tratamento antiético e injusto, que permitam o acompanhamento do caso sem medo de represálias;

III – Promover a conscientização de magistrados e servidores acerca do comportamento ético e responsável nas relações institucionais, no envolvimento político e na solução de conflitos de interesse;

IV – Exercer e proteger o direito de propriedade intelectual e física, levando em consideração as expectativas da sociedade, os direitos humanos e as necessidades básicas do indivíduo.

No que concerne às diretrizes em **Questões relativas ao usuário-cidadão**, deverão os órgãos da Justiça do Trabalho manter canais de comunicação transparentes, permanentes e estruturados para estabelecer diálogo amplo com o usuário da Justiça do Trabalho; fortalecer as ouvidorias, proporcionando-lhes os meios adequados para a realização de sua missão de contribuir com o aprimoramento da Justiça do Trabalho e proporcionar à sociedade, em especial aos trabalhadores e empregadores, informações e orientações sobre os direitos e deveres fundamentais da relação de trabalho.

De arremate, para efetivar a diretriz de **Envolvimento e Desenvolvimento da Comunidade**, deverão identificar oportunidades de atuar positivamente nas dimensões social, ambiental, cultural e econômica; alinhar-se às políticas públicas existentes e às ações desenvolvidas por organizações comunitárias locais; dialogar com as organizações comunitárias locais ou grupos de pessoas acerca das ações a serem implantadas e estimular e apoiar o trabalho voluntário do seu corpo funcional, quando for o caso.

O Tribunal Superior do Trabalho criou, em 13/10/2014, o Núcleo Socioambiental (Ato GDGSET.GP.Nº 525) considerando-se a necessidade de se estabelecer ações e políticas públicas voltadas à sustentabilidade ambiental, social e econômica, tendo sido aprovado no final do ano de 2015 o **Plano de Logística Sustentável** do Tribunal Superior do Trabalho e do Conselho Superior da Justiça do Trabalho (PLS-TST/CSJT), tendo sido estabelecidos os seguintes **Planos de Ação:**

PLANOS DE AÇÃO

Materiais de Consumo

Ação: Controlar o consumo, por meio de redução gradual no fornecimento de papéis A4

Objetivo: Conscientização dos servidores para o uso racional de papel, visando à economia sustentável.

Unidades envolvidas: CMLOG e SCMAT

Responsáveis: Chefes das unidades envolvidas

Recursos financeiros: Não há

Recursos humanos: Servidores da SCMAT

Meta: Reduzir em 2% ao ano o consumo de papeis A4

Ação: Controlar o consumo, por meio de redução gradual no fornecimento de copos descartáveis

Objetivo: Conscientização dos servidores para o uso racional de copo descartável, visando à economia sustentável.

Unidades envolvidas: CMLOG e CAMIN

Responsáveis: Chefes das unidades envolvidas

Recursos financeiros: Não há

Recursos humanos: Servidores da SCMAT

Meta: Reduzir em 2% ao ano o consumo de copos descartáveis

Ação: Reduzir o número de impressoras instaladas no TST

Objetivo Reduzir impressões de documentos e a quantidade de equipamentos instalados

Unidades envolvidas: SETIN

Responsáveis: Unidade envolvida

Recursos financeiros: Não há

Recursos humanos: Servidores da unidade envolvida

Meta: Reduzir em 2% ao ano o número de impressoras instaladas no TST

Energia Elétrica

Ação: Realizar campanhas de sensibilização e consumo consciente quanto ao uso de energia elétrica

Objetivo: Reduzir o consumo de energia elétrica

Unidades envolvidas: NSA, CMAP e SECOM

Responsáveis: Unidades envolvidas

Recursos financeiros: Não há

Recursos humanos: Servidores das unidades envolvidas

Meta: Realizar 2 campanhas de sensibilização e consumo consciente quanto ao uso de energia elétrica

Água e Esgoto

Ação: Realizar campanhas de sensibilização e consumo consciente quanto ao uso da água

Objetivo: Reduzir o consumo de água

Unidades envolvidas: NSA, CMAP e SECOM

Responsáveis: Unidades envolvidas

Recursos financeiros: Não há

Recursos humanos: Servidores das unidades envolvidas

Meta: Realizar 2 campanhas de sensibilização e consumo consciente quanto ao uso

de água

Gestão de Resíduos

Ação: Ativar o site da sustentabilidade

Objetivo: Promover a comunicação entre os colaboradores e a sustentabilidade no TST por meio do site.

Unidades envolvidas: NSA, SECOM e SETIN

Responsáveis: Chefias das unidades envolvidas

Recursos financeiros: Não há

Recursos humanos: Servidores das unidades envolvidas

Meta: Concluir as atividades do site até 30/11/2015

Ação: Reformar os containers

Objetivo: Facilitar a separação no recolhimento dos resíduos.

Unidades envolvidas: NSA e CMAP

Responsáveis: Servidores das unidades envolvidas

Recursos financeiros: De acordo com projeto da CMAP

Recursos humanos: Contratada

Meta: Concluir a reforma dos containers até 31/12/2015

Ação: Implantar o ECOPONTO para separação dos resíduos

Objetivo: Promover uma melhor separação dos resíduos

Unidades envolvidas: NSA, SEA e CMAP

Responsáveis: Chefias das unidades envolvidas

Recursos financeiros: De acordo com projeto da CMAP

Recursos humanos: NSA e contratada

Meta: Implantar o ECOPONTO até 31/12/2015

Qualidade de Vida no Ambiente de Trabalho

Ação: Realizar as ações previstas no Programa de Qualidade de Vida do TST

Objetivo: Promover a melhoria na qualidade de vida dos colaboradores do TST

Unidades envolvidas: CDEP

Responsáveis: Servidores da CDEP

Recursos financeiros: Já previstos no Programa

Recursos humanos: CDEP

Meta: Realizar 100% dos eventos previstos anualmente

Telefonia

Ação: Realizar campanhas de sensibilização e consumo consciente quanto ao uso do telefone

Objetivo: Reduzir o consumo de telefone

Unidades envolvidas: NSA, SETIM e SECOM

Responsáveis: Unidades envolvidas

Recursos financeiros: Não há

Recursos humanos: Servidores das unidades envolvidas

Meta: Realizar 2 campanhas por ano de sensibilização e consumo consciente quanto

ao uso do telefone

Vigilância

Ação: Analisar as rotinas de trabalho de vigilância

Objetivo: Otimizar os serviços de vigilância

Unidades envolvidas: CSET e contratada

Responsáveis: Servidores da CSET

Recursos financeiros: Não há

Recursos humanos: Servidores da CSET e contratada

Meta: Alterar 50% as rotinas de trabalho insatisfatórias e ou ambientalmente inadequadas

Limpeza

Ação: Analisar as rotinas de trabalho de limpeza

Objetivo: Otimizar os serviços de limpeza

Unidades envolvidas: CMAP e contratada

Responsáveis: Servidores da CMAP

Recursos financeiros: Não há

Recursos humanos: Servidores da CMAP e contratada

Meta: Alterar 50% as rotinas de trabalho insatisfatórias e ou ambientalmente inadequadas

Combustível

Ação: Realizar campanhas de sensibilização quanto ao uso de Veículos

Objetivo Reduzir o consumo de combustível

Unidades envolvidas: NSA, CSET e SECOM

Responsáveis: Unidades envolvidas

Recursos financeiros: Não há

Recursos humanos: Servidores das unidades envolvidas

Meta: Realizar 2 campanhas por ano de sensibilização quanto ao uso de veículos

Veículos

Ação: Realizar campanhas de sensibilização quanto ao uso de Veículos

Objetivo: Reduzir o consumo de combustível

Unidades envolvidas: NSA, CSET e SECOM

Responsáveis: Unidades envolvidas

Recursos financeiros: Não há

Recursos humanos: Servidores das unidades envolvidas

Meta: Realizar 2 campanhas por ano de sensibilização quanto ao uso de veículos

Layout

Ação: Buscar a padronização dos ambientes de trabalho

Objetivo: Promover a economicidade e a padronização

Unidades envolvidas: CMAP e unidades solicitantes

Responsáveis: Servidores das unidades envolvidas

Recursos financeiros: Não há

Recursos humanos: Servidores das unidades envolvidas

Meta: Promover em 100% a padronização nas reformas do TST

Capacitação de servidores em Educação Socioambiental

Ação: Incluir capacitação em Educação Socioambiental nos programas de desenvolvimento do TST

Objetivo: Capacitar os servidores em educação Socioambiental

Unidades envolvidas: CDEP e NSA

Responsáveis: Servidores das unidades envolvidas

Recursos financeiros: Já previstos no orçamento de capacitação

Recursos humanos: Servidores das unidades envolvidas e contratados

Meta: Realizar 2 eventos por ano de capacitação em educação ambiental.

De acordo com o anexo Ato Conjunto 24/2014, a Política de Responsabilidade Socioambiental de cada órgão deverá ser elaborada de forma amplamente participativa, com base nas diretrizes da Política Nacional.

São propostas **3 fases de execução e 1 de avaliação e monitoramento**, que deverá ser permanente:

- Primeira fase: Divulgação e mobilização
- Segunda fase: Construção da Política
- Terceira fase: Consolidação
- Quarta fase: Avaliação e monitoramento.

As ações de responsabilidade socioambiental em andamento deverão ser incorporadas à Política do órgão.

- **PRIMEIRA FASE: Divulgação e mobilização**

Dar conhecimento sobre a Política Nacional, seus princípios, instrumentos e diretrizes, para os magistrados, servidores, estagiários e prestadores de serviço e propiciar a discussão sobre o tema da responsabilidade socioambiental.

Dentre outras atividades, sugere-se:

> I – Divulgação: elaborar material de divulgação e didático em conjunto com a Assessoria de Comunicação Social;
>
> II – Palestras: promover eventos para compartilhamento de saberes, com possibilidade de utilizar, dentre outros, o Banco de Talentos do CSJT e o Acordo de Cooperação Técnica 02/2013, celebrado entre a AGU e o CSJT, além de convidar integrantes de outros órgãos;
>
> III – Debates presenciais e virtuais: promovidos pelos órgãos e pelo CSJT.

- **SEGUNDA FASE: Construção da Política**

A construção da Política de cada órgão deve ser feita por meio de oficinas participativas, com o objetivo de:

I – Promover amplo debate sobre a Política de Responsabilidade Socioambiental, identificando as prioridades dentro de cada órgão, levando em consideração o momento da instituição.

II – Construir coletivamente programas, projetos e ações que atendam às diretrizes da PNRSJT.

As oficinas devem ser realizadas nos Tribunais e nos Fóruns Trabalhistas, de forma a contemplar a maior participação possível de magistrados, servidores, estagiários e prestadores de serviço.

Os Tribunais poderão contar com orientação do CSJT e do Comitê Gestor para o planejamento das oficinas.

• **TERCEIRA FASE: Consolidação**

Devem ser realizadas plenárias nos Tribunais, com ampla participação dos envolvidos para, a partir dos resultados das oficinas, selecionar as propostas que constarão da Política e serão executadas pela instituição.

A Política de cada Tribunal será encaminhada para o CSJT e a consolidação dos resultados será apresentada no Encontro Nacional de Responsabilidade Socioambiental da Justiça do Trabalho.

• **QUARTA FASE: Avaliação e monitoramento**

O acompanhamento da Política do órgão deverá ser feito através do relatório anual, cuja elaboração será orientada pelo CSJT.

Os relatórios deverão ser disponibilizados nos sítios eletrônicos dos órgãos.

Deverá ser dado conhecimento do relatório às partes interessadas.

Os relatórios servirão de instrumento para a melhoria contínua do desempenho da responsabilidade socioambiental.

2.8. GUIA DE CONTRATAÇÕES SUSTENTÁVEIS DA JUSTIÇA DO TRABALHO (2ª EDIÇÃO – 2014)

O Guia de Contratações Sustentáveis da Justiça do Trabalho teve a sua segunda edição lançada em março de 2014, contando com uma ampliação na lista de bens sustentáveis, que prevê que nas licitações e demais formas de contratação promovidas pela Justiça do Trabalho, bem como no desenvolvimento das atividades, de forma geral, devem ser observadas as seguintes **diretrizes**:

a) Preferência por produtos de baixo impacto ambiental;

b) Não geração, redução, reutilização, reciclagem e tratamento dos resíduos sólidos, bem como disposição final ambientalmente adequada dos rejeitos (Lei 12.305/2010);

c) Preferência para produtos reciclados e recicláveis, bem como para bens, serviços e obras que considerem critérios compatíveis com padrões de consumo social e ambientalmente sustentáveis (Lei 12.305/2010);

d) Aquisição de produtos e equipamentos duráveis, reparáveis e que possam ser aperfeiçoados (Portaria MMA 61/2008);

e) Opção gradativa por produtos mais sustentáveis, com estabelecimento de metas crescentes de aquisição, observando-se a viabilidade econômica e a oferta no mercado, com razoabilidade e proporcionalidade;

f) Adoção de procedimentos racionais quando da tomada de decisão de consumo, observando-se a necessidade, oportunidade e economicidade dos produtos a serem adquiridos (Portaria MMA 61/2008);

g) Estabelecimento de margem de preferência para produtos manufaturados e serviços nacionais que atendam às normas técnicas brasileiras, em observância a Lei nº 12.349/2010;

h) Preferência, nas aquisições e locações de imóveis, àqueles que atendam aos requisitos de sustentabilidade e acessibilidade, de forma a assegurar o direito de ir e vir das pessoas com deficiência e com mobilidade reduzida;

i) Observância às normas técnicas, elaboradas pela ABNT, nos termos da Lei nº 4.150, de 21 de novembro de 1962, para aferição e garantia da aplicação dos requisitos mínimos de qualidade, utilidade, resistência e segurança dos materiais utilizados;

j) Conformidade dos produtos, insumos e serviços com os regulamentos técnicos pertinentes em vigor expedidos pelo Inmetro de forma a assegurar aspectos relativos à saúde, à segurança, ao meio ambiente, ou à proteção do consumidor e da concorrência justa (Lei nº 9.933, de 20 de dezembro de 1999).

Ademais, os **critérios de sustentabilidade** devem ser objetivamente definidos e veiculados como especificação técnica do objeto e as **práticas** de **sustentabilidade** devem ser objetivamente definidas e veiculadas como obrigação da contratada.

O Guia ainda prevê que na **aquisição de bens**, a comprovação dos critérios de sustentabilidade contidos no instrumento convocatório poderá ser feita mediante *certificação emitida por instituição pública oficial, ou por instituição acreditada*, ou por qualquer outro meio definido no instrumento convocatório. Além da certificação, podem ser utilizados, isolada ou combinadamente, os seguintes mecanismos de avaliação da conformidade disponíveis no Sistema Brasileiro de Avaliação da Conformidade (SBAC): a declaração pelo fornecedor, a etiquetagem, a inspeção e o ensaio.

Da mesma forma, deve ser dada preferência à aquisição de produtos constituídos no todo ou em parte por materiais reciclados, atóxicos, biodegradáveis, conforme ABNT NBR – 15.448-1 e 15.448-2, devendo os produtos devem ser acondicionados em embalagens recicladas ou recicláveis, preferencialmente de papelão ou de plástico à base de etanol de cana-de-açúcar.

2.9. ATO DA COMISSÃO DIRETORA DO SENADO 4/2013 (INSTITUI A POLÍTICA DE RESPONSABILIDADE SOCIOAMBIENTAL DO SENADO FEDERAL) E O PLANO DE LOGÍSTICA SUSTENTÁVEL DO SENADO FEDERAL

Coube ao Ato da Comissão Diretora nº 4, de 22 de março de 2013, instituir a Política De Responsabilidade Socioambiental do Senado Federal, que **objetiva** promover atitudes e procedimentos que levem ao uso racional dos recursos naturais e dos bens públicos, a fim de proteger o meio ambiente e maximizar a eficiência dos serviços prestados e estimular, em ordem de prioridade, a não geração, a redução, a reutilização, reciclagem, o tratamento e a gestão integrada dos resíduos sólidos, bem como a disposição final ambientalmente adequada dos rejeitos.

Ainda possui os seguintes **objetivos:**

a) incentivar o desenvolvimento de sistemas de gestão voltados para a melhoria dos processos produtivos e para o reaproveitamento dos resíduos sólidos, incluindo a recuperação e o aproveitamento energético;

b) implementar processos e práticas que acarretem eficiência energética e uso racional dos insumos necessários, com destaque para água, papel, energia elétrica e combustíveis;

c) adotar e promover o desenvolvimento de tecnologias limpas;

d) disseminar o desenvolvimento sustentável nas ações e programas, junto às demais casas legislativas do País;

e) incorporar parâmetros socioambientais nas obras, reformas das edificações e áreas verdes, com ênfase para acessibilidade e para as medidas previstas no inciso V;

f) incorporar parâmetros socioambientais nos processos de aquisições e contratações para promover a sustentabilidade socioambiental;

g) apoiar iniciativas que promovam a equidade e a acessibilidade no âmbito do Senado Federal;

h) realizar parcerias com outros órgãos governamentais com vistas ao aprimoramento de práticas socioambientais e culturais;

i) desenvolver ações de medicina preventiva com o corpo funcional da Casa, para evitar doenças de caráter ocupacional;

j) reduzir o volume e a periculosidade de resíduos nocivos, danosos ou perigosos;

l) melhorar a qualidade do meio ambiente de trabalho, com ênfase em salubridade e ergonomia adequada.

São **princípios** da Política de Responsabilidade Socioambiental do Senado Federal a eficiência; a equidade; a acessibilidade; o uso racional dos recursos e bens disponíveis no meio ambiente de trabalho; a responsabilidade socioambiental, no que concerne à decisão de contribuir voluntariamente em prol de um meio ambiente de trabalho mais saudável; a concepção do meio ambiente em sua totalidade, considerando a interdependência entre os meios natural, socioeconômico e cultural, sob o enfoque da sustentabilidade; a promoção e a sustentabilidade de iniciativas culturais; a valorização da cidadania e a promoção do desenvolvimento comunitário.

São **instrumentos** da Política de Responsabilidade Socioambiental do Senado Federal o licenciamento e a revisão de atividades efetiva ou potencialmente poluidoras; o estabelecimento de padrões de produção e consumo sustentáveis; as normas e os programas sobre qualidade de vida, reabilitação funcional e acessibilidade no meio ambiente do trabalho; as iniciativas coordenadas de gestão ambiental do Senado Federal e as iniciativas coordenadas de promoção cultural no Senado Federal.

Há uma determinação para a **aplicação no Senado Federal da A3P**, devendo a Diretoria-Geral normatizar e coordenar a sua implementação, com ênfase para as seguintes atividades: gestão adequada dos resíduos; licitação sustentável; qualidade de vida no ambiente de trabalho; sensibilização e capacitação dos servidores e o uso racional dos recursos.

Por sua vez, o Ato da Diretoria-Geral 24, de 7 de novembro de 2014, estabeleceu as diretrizes para elaboração do Plano de Gestão de Logística Sustentável do Senado Federal e determinou a formação da Comissão Gestora do Plano de Logística Sustentável do Senado Federal.

O Plano de Gestão de Logística Sustentável do Senado (PGLS) é uma ferramenta de planejamento com objetivos e responsabilidades definidas, ações, metas, prazos de execução e mecanismos de monitoramento e avaliação, que permite o estabelecimento de práticas de sustentabilidade e racionalização de gastos e processos no Senado Federal.

O PGLS devem conter, ao menos, a atualização do inventário de bens e materiais e identificação de similares de menor impacto ambiental para substituição; as práticas de sustentabilidade e de racionalização do uso de materiais e serviços; as responsabilidades, metodologia de implementação e avaliação do plano e as ações de informação, divulgação, conscientização e capacitação.

O **Plano de Gestão de Logística Sustentável do Senado (PGLS)** foi aprovado em 2015, abrangendo o inventário de bens e onze planos de ação temáticos que irão contribuir, por meio de sua capacidade indutora, para promover as mudanças necessárias a uma gestão mais eficiente e comprometida com a devida atenção às questões ambientais, entrando em fase de execução e sendo acompanhado continuamente por meio do monitoramento, divulgação de resultados e publicação de relatórios anuais.

Tem por **objetivo geral** promover o uso racional de recursos naturais e financeiros, a proteção ambiental, a qualidade de vida e o desenvolvimento sustentável na execução das atividades do Senado Federal e os seguintes **objetivos específicos**:

A) Aperfeiçoar continuamente a qualidade do gasto público;

B) Construir uma matriz de ações que norteiem a implantação de práticas de sustentabilidade;

C) Mitigar o impacto ambiental causado pelas atividades do Senado Federal;

D) Utilizar o poder de compra do Senado Federal junto ao mercado para contribuir com toda a Administração Pública no fomento de práticas e processos mais sustentáveis;

E) Melhorar a qualidade de vida dos servidores do Senado Federal;

F) Promover a Educação Ambiental.

Foram adotados **Planos de Ação em onze áreas**, conforme colacionado do PGLS:

"TEMA 1 – MATERIAL DE CONSUMO

O plano de ação para materiais de consumo compreende apenas dois insumos muito utilizados no Senado Federal: copos descartáveis e papel A4. O plano visa contribuir para uma gestão mais sustentável dos materiais sob a premissa da diminuição e substituição gradativa dos copos plásticos por copos biodegradáveis, uso consciente do papel A4, maior controle patrimonial e economia de recursos financeiros.

O Poder Público é um grande consumidor de papel e, portanto, deve assumir uma posição de liderança, servindo de exemplo para a sociedade de como se pode reduzir o consumo desse insumo. Além disso, quando o consumo for inevitável, é importante promover ações para que o papel consumido cause menos impacto ambiental, seja por meio da reciclagem ou pela aquisição de produtos com comprovada origem florestal responsável.

O papel é um instrumento que, nos dias atuais, não pode ainda ser totalmente suprimido. Porém, seu consumo pode ser drasticamente reduzido e o Senado já promove ações que levarão a uma grande redução do consumo de papel A4, como, por exemplo, a implantação do processo administrativo eletrônico, a impressão de documentos no modo frente e verso e a substituição e padronização do parque de impressão, em razão de eficiência.

Quanto aos copos descartáveis, assim como no caso do papel, o Senado é um grande consumidor e consequentemente um grande gerador desse tipo de resíduo, tendo em vista o grande número de servidores e o grande público externo que transita diariamente pela Casa. Os efeitos do consumo de plástico para o meio ambiente podem ser devastadores. Cada unidade de copo descartável de plástico demora cerca de 100 anos para se decompor, sendo o plástico um dos principais poluentes no contexto atual. A ideia é reduzir ao máximo o consumo de copos descartáveis, substituindo, sempre que possível, o seu uso por copos ou xícaras que possam ser reutilizados. Quando o consumo de copos descartáveis for inevitável, devem ser utilizados copos confeccionados em material biodegradável.

Atualmente o Senado já implementa importantes ações para reduzir o impacto do consumo de copos descartáveis, como a redução na distribuição do material, a implantação do Sistema de Gestão de Patrimônio e almoxarifado, o levantamento dos setores que mais utilizam copos descartáveis e o estímulo ao uso de copos não descartáveis.

TEMA 2 – SERVIÇOS DE IMPRESSÃO

Apesar dos avanços obtidos nos últimos três anos, com a redução no consumo de papel A4 pelo Senado Federal, ainda há espaço para implementar ações e diminuir ainda mais o consumo deste tipo de suprimento. Com a entrada do processo eletrônico é muito grande a probabilidade de que o índice de ociosidade de impressoras cresça de modo significativo e, com isso deverão ser realizados remanejamentos e a consequente redução do contrato em vigor. Todas as áreas do Senado Federal serão afetadas por este plano e direta ou indiretamente estarão envolvidas na realização das ações para o cumprimento das metas e dos indicadores definidos no PGLS.

O Senado implantou a solução de *outsourcing* de impressão por meio da Secretaria de Tecnologia da Informação PRODASEN – PRDSTI, o que colaborou significativamente na redução do consumo de papel A4. Com o modelo *outsourcing* 483 impressoras próprias serão desativadas quando do término do estoque de suprimentos e agora o Senado paga um valor fixo pelo aluguel dos equipamentos, incluindo a manutenção e o fornecimento dos suprimentos. Essa modalidade contribuiu de forma significativa para extinguir as chamadas impressoras de conforto e implantar as impressoras coorporativas.

Nesse sentido, vale destacar que com essa iniciativa é possível monitorar o consumo setorial de forma individualizada permitindo atuar pontualmente, alertando e orientando usuários para uso e consumo correto dos recursos. Outro aspecto a ser considerado diz respeito à mudança de procedimentos quanto à impressão de documentos legislativos, adotada pela Secretaria Geral da Mesa – SGM em agosto de 2014. Os referidos documentos deixaram de ser impressos e passaram a ficar disponíveis na forma eletrônica. Esse processo representa um marco na mudança de postura e comprometimento com as questões ambientais e com a economia de recursos públicos.

TEMA 3 – ENERGIA ELÉTRICA

A conservação e o uso racional da energia deve ser uma das prioridades entre as ações de sustentabilidade do poder público, sobretudo no atual contexto de crise hídrica, que impacta consideravelmente a geração de energia elétrica no Brasil, dado o predomínio da geração hidrelétrica. O aumento do percentual de geração térmica a partir de combustíveis fósseis, que é mais poluente e agravadora do efeito estufa, obriga o Estado a dar exemplo na redução de consumo, uma vez que ganhos em eficiência energética têm impactos diretos na redução de emissão de gases do efeito estufa.

O Plano de Ação para este eixo temático propõe medidas que visam à exigência de etiquetagem de eficiência energética e à adequação de projetos de reforma e construções aos padrões de sustentabilidade exigidos para a administração pública. Dessa forma, a implementação dessas ações irá contribuir para a redução do consumo de energia elétrica e para economia de recursos públicos.

TEMA 4 – ÁGUA E ESGOTO

O Senado Federal desenvolve ações para garantir o uso racional da água e pretende aprimorar cada vez mais a racionalização desse recurso, não só por meio da aplicação de soluções mais econômicas, como também pela sensibilização dos servidores e colaboradores, em especial, da equipe de limpeza e conservação das instalações. Os efluentes também merecem atenção especial, dadas as peculiaridades das atividades desenvolvidas e ao volume gerado dentro do complexo. Assim, o Plano de Ação desenvolvido para esse eixo temático visa sensibilizar os servidores e usuários quanto a importância de se conservar os recursos naturais, em especial a água, evitar ao máximo o desperdício, reduzir os gastos com esse item de despesa, bem como adotar soluções tecnológicas voltadas à redução do consumo.

TEMA 5 – GESTÃO DE RESÍDUOS

A separação dos resíduos sólidos comuns no Senado Federal ainda apresenta muitas falhas. Existe um termo de compromisso firmado para destinação dos resíduos a uma associação de catadores, porém a operacionalização desse termo não tem sido eficaz, por falta de capacidade operacional da associação e deficiências na separação dos resíduos por parte do Senado. É necessário um conjunto de ações vigorosas no sentido de retomar a coleta seletiva, como aquisição de lixeiras adequadas quanto ao porte e padronizadas com as cores universais. Também é necessária uma capacitação dos prestadores de serviços de limpeza, com orientações sobre o ciclo de reciclagem do papel, o correto manejo dos materiais recicláveis, os cuidados com a saúde, além de vídeos de incentivo a atitudes sustentáveis e ao trabalho em grupo. Os restaurantes também devem ser envolvidos, pois atualmente têm o seu manejo de resíduos independente e inadequado, sem treinamento nem procedimentos, misturando todos os materiais.

O Plano de Ação desenvolvido para esse eixo temático contempla a prevenção e a redução da geração de resíduos e a prática da coleta seletiva, com foco na redução dos impactos sobre o meio ambiente e também na geração de renda e na melhoria da qualidade de vida dos catadores. As metas estabelecidas contribuem para impor desafios cada vez maiores que nos permitam garantir a gestão adequada dos resíduos, em consonância com a Política Nacional de Resíduos Sólidos, instituída pela Lei nº 12.305, de 2 de agosto de 2010.

TEMA 6 – QUALIDADE DE VIDA NO AMBIENTE DE TRABALHO

As organizações devem buscar permanentemente uma melhor qualidade de vida no trabalho executando ações para o desenvolvimento pessoal e profissional de seus colaboradores. Para tanto, as instituições públicas devem formular e implantar programas específicos que aumentem o grau de satisfação das pessoas com o ambiente de trabalho e que promovam a melhoria das condições ambientais gerais, a saúde, a segurança, a integração social e o desenvolvimento das capacidades humanas. O Plano de Ação está alicerçado em medidas que possibilitem compreender as necessidades dos servidores do Senado no trabalho e na vida e que promovam a integração entre seus servidores, garantindo melhorias na relação de trabalho, estímulo ao bom desempenho e aumento da produtividade.

TEMA 7 – COMPRAS E CONTRATAÇÕES

As compras e contratações no Senado Federal devem concretizar mudanças nos padrões de aquisição de bens e materiais e de contratação de serviços pelo poder público. A adoção de critérios sustentáveis consiste na integração de aspectos ambientais nos estágios do processo de contratação, com o intuito de priorizar produtos produzidos com responsabilidade socioambiental. As contratações, sejam elas decorrentes de licitação, inexigibilidade ou executadas de forma direta, devem promover o consumo mais sustentável, de modo que as ações administrativas e legislativas não sejam predatórias aos recursos naturais e ao meio ambiente. Cabe à autoridade pública refletir sobre o que ela contrata atualmente e verificar quais as melhorias que podem ser implementadas para trazer efeitos ambientais e econômicos positivos.

Sempre que possível, as contratações devem levar em consideração a análise do ciclo de vida dos produtos, a valoração ambiental dos recursos naturais e as alternativas tecnológicas com menor impacto ambiental negativo. Isso implicará a exigência de pré-requisitos de sustentabilidade, como por exemplo, a utilização de produtos reciclados, a ausência de substâncias danosas ao meio ambiente, a qualidade, a durabilidade e a gestão dos resíduos após o final do ciclo de vida.

TEMA 8 – DESLOCAMENTO DE PESSOAL

A maioria das grandes cidades brasileiras possui um sistema de mobilidade deficiente e em Brasília essa realidade não é diferente. Há muitos problemas, como congestionamentos constantes, escassez de calçadas regulares e ciclovias, limitações para a acessibilidade de pessoas com deficiência, além de carência e precariedade do transporte público, especialmente nos horários de pico.

Apesar de não haver um levantamento sobre o assunto, é notório que a grande maioria dos servidores do Senado se desloca até o trabalho utilizando automóvel particular, com apenas o próprio condutor em seu interior. O Senado já desenvolve ações de promoção da mobilidade sustentável, como instalação de infraestrutura de apoio ao ciclista e reserva de vagas nos estacionamentos para carona solidária.

O Plano de Ação para esse eixo temático visa desincentivar o uso de automóveis, estimular meios de transporte coletivos ou não motorizados e promover a racionalização do deslocamento dos servidores do Senado, seja em atividades de trabalho ou particulares, contribuindo assim para a redução de gases de efeito estufa e para a melhoria da qualidade de vida.

TEMA 9 – ARBORIZAÇÃO E MANUTENÇÃO DE ÁREAS VERDES

O complexo do Senado Federal possui ampla área arborizada, jardins e gramados. A arborização e a manutenção das áreas verdes visam qualificar o espaço para amenizar a temperatura local, reduzir ruídos, proporcionar sombreamento e beleza paisagística, além de sensibilizar os servidores para a importância dos espaços verdes no contexto urbano, principalmente na influência sobre o microclima. O Plano de Gestão para esse eixo temático prevê a compensação de emissões de Carbono geradas pela Casa, a adoção de práticas mais sustentáveis na manutenção das áreas verdes, o aproveitamento dos resíduos orgânicos, a produção de plantas ornamentais para uso no Senado e a produção de mudas arbóreas para o cumprimento das obrigações e execução de projetos ambientais.

O viveiro do Senado é um importante exemplo de construção sustentável e desempenha papel relevante na promoção das condições necessárias para o desenvolvimento das ações previstas neste Plano, além de possibilitar iniciativas de educação ambiental para o público interno e externo.

TEMA 10 – SERVIÇOS GRÁFICOS

O Senado Federal possui, em sua estrutura, um importante parque gráfico para atendimento das suas necessidades. Ao longo dos anos a Gráfica do Senado vem adotando práticas que se coadunam com os compromissos de sustentabilidade assumidos pela Casa, como, por exemplo, a adoção de tecnologias digitais, a substituição do maquinário por equipamento mais eficiente, a redução no consumo de insumos tóxicos, o uso de papel reciclado e a destinação de resíduos para a indústria de reciclagem. O Plano de Gestão de Logística Sustentável aplicado aos serviços gráficos possibilitará entre outras medidas, a melhoria na gestão dos resíduos gráficos utilizados na produção, o aprimoramento na separação do lixo, a implantação de um sistema de logística reversa nos processos de contratação e a ampliação da tecnologia digital utilizada.

TEMA 11 – TECNOLOGIA DA INFORMAÇÃO

O desenvolvimento de ferramentas de tecnologia da informação pode contribuir substancialmente na conservação do meio ambiente, na medida em que essas ferramentas permitem gerenciar racionalmente o uso dos recursos naturais, economizar insumos, como papel, e reduzir a necessidade de deslocamentos. No entanto, os equipamentos consomem muita energia no processamento e na refrigeração e contém, em sua composição, produtos nocivos ao meio ambiente.

Além disso, a obsolescência desses equipamentos é muito rápida e a destinação dos resíduos gerados ao final do seu ciclo de vida ainda é um grande problema. O Plano de Ação para TI, constante do PGLS do Senado, adota o conceito de TI Verde, desenvolvido para promover a sustentabilidade por meio da redução dos impactos tecnológicos no meio ambiente. O conjunto de ações previstas para esse eixo temático visa à redução do consumo de energia por meio da aquisição de equipamentos mais eficientes, bem como a redução da contaminação ambiental causada pelo descarte desses equipamentos".

2.10. RESOLUÇÃO TSE 23.474, DE 19 DE ABRIL DE 2016 (DISPÕE SOBRE A CRIAÇÃO E COMPETÊNCIAS DAS UNIDADES OU NÚCLEOS SOCIOAMBIENTAIS NOS TRIBUNAIS ELEITORAIS E IMPLANTAÇÃO DO RESPECTIVO PLANO DE LOGÍSTICA SUSTENTÁVEL DA JUSTIÇA ELEITORAL)

A Resolução TSE 23.474, de 19 de abril de 2016, dispôs sobre a criação e as competências das unidades ou núcleos socioambientais nos Tribunais Eleitorais e implantação do respectivo Plano de Logística Sustentável da Justiça Eleitoral – PLS-JE[14].

Trata-se de importante passo dado pela Justiça Eleitoral para a adoção de práticas de sustentabilidade na gestão administrativa, pois o Plano de Logística Sustentável é o instrumento básico para a sua efetivação.

Registre-se que, mesmo da edição da Resolução TSE 23.474, de 19 de abril de 2016, vários Tribunais Regionais Eleitorais já possuíam o seu PLS aprovando, a exemplo de Alagoas, Rio Grande do Norte, Goiás, Paraíba, Espírito Santo e Santa Catarina.

IMPORTANTE

O Tribunal Superior Eleitoral e os Tribunais Regionais Eleitorais deverão criar unidades ou núcleos socioambientais, estabelecer suas competências e implantar o Plano de Logística Sustentável da Justiça Eleitoral – PLS-JE, devendo ter caráter permanente para o planejamento, implementação, monitoramento de metas anuais e avaliação de indicadores de desempenho, devendo estimular a reflexão e a mudança dos padrões de compra, consumo e gestão documental dos órgãos da Justiça Eleitoral, bem como do corpo funcional e força de trabalho auxiliar de cada instituição.

Devem ser constituídas ações visando fomentar práticas que estimulem:

I – o aperfeiçoamento contínuo da qualidade do gasto público;

II – o uso sustentável de recursos naturais e bens públicos[15];

---

14. O Tribunal Superior Eleitoral deverá publicar, anualmente, por intermédio da Assessoria de Gestão Socioambiental, o Balanço Socioambiental da Justiça Eleitoral fomentado por informações consolidadas nos relatórios de acompanhamento do PLS-JE de todos os Tribunais Eleitorais.
15. O uso sustentável de recursos naturais e bens públicos deverá ter como objetivos o combate ao desperdício e o consumo consciente de materiais, com destaque para a gestão sustentável de documentos como a implementação de processo judicial eletrônico e a informatização dos processos e procedimentos administrativos.

III – a redução do impacto negativo das atividades do órgão no meio ambiente com a adequada gestão dos resíduos gerados[16];

IV – a promoção das contratações sustentáveis[17];

V – a gestão sustentável de documentos, em conjunto com a unidade responsável;

VI – a sensibilização e capacitação do corpo funcional, força de trabalho auxiliar e de outras partes interessadas; e

VII – a qualidade de vida no ambiente de trabalho, em conjunto com a unidade responsável.

As práticas de sustentabilidade deverão tratar do uso eficiente de insumos e materiais considerando, inclusive, o processo eletrônico de votação, a implantação do PJe e a informatização dos processos e procedimentos administrativos; do consumo de energia elétrica; da água e esgoto; da gestão de resíduos; da qualidade de vida no ambiente de trabalho; da sensibilização e capacitação contínua do corpo funcional, força de trabalho auxiliar e, quando for o caso, de outras partes interessadas; das contratações sustentáveis, compreendendo, pelo menos, obras, equipamentos, combustível, serviços de vigilância, de limpeza, de telefonia, de processamento de dados, de apoio administrativo e de manutenção predial e do deslocamento de pessoal, bens e materiais considerando todos os meios de transporte, com foco na redução de gastos e de emissões de substâncias poluentes.

Foram previstas a implementação de etapas para o fomento de práticas de sustentabilidade pelos núcleos socioambientais do TSE e TRE's:

I – estudo e levantamento das alternativas à aquisição de produtos e serviços solicitados, considerando:

a) verificação da real necessidade de aquisição do produto e/ou serviço;

b) existência no mercado de alternativas sustentáveis considerando o ciclo de vida do produto;

c) a legislação vigente e as normas técnicas, elaboradas pela ABNT, para aferição e garantia da aplicação dos requisitos mínimos de qualidade, utilidade, resistência e segurança dos materiais utilizados;

d) conformidade dos produtos, insumos e serviços com os regulamentos técnicos pertinentes em vigor expedidos pelo Inmetro de forma a assegurar

---

16. A adequada gestão dos resíduos gerados deverá promover a coleta seletiva, com estímulo a sua redução, ao reuso e à reciclagem de materiais, e à inclusão socioeconômica dos catadores de resíduos, em consonância com a Política Nacional de Resíduos Sólidos e as limitações regionais.
17. A promoção das contratações sustentáveis deverá observar a integração dos aspectos ambientais, econômicos e sociais do desenvolvimento sustentável.

aspectos relativos à saúde, à segurança, ao meio ambiente, ou à proteção do consumidor e da concorrência justa;

e) normas da ANVISA quanto à especificação e classificação, quando for o caso;

f) as Resoluções do CONAMA, no que couber;

g) descarte adequado do produto ao fim de sua vida útil, em observância à Política Nacional de Resíduos Sólidos;

II – especificação ou alteração de especificação já existente do material ou serviço solicitado, observando os critérios e práticas de sustentabilidade, em conjunto com a unidade solicitante;

III – lançamento ou atualização das especificações no sistema de compras e administração de material da instituição;

IV – dentre os critérios de consumo consciente, o pedido de material e/ou planejamento anual de aquisições deverão ser baseados na real necessidade de consumo até que a unidade possa atingir o ponto de equilíbrio, considerando os anos eleitorais e não eleitorais.

As medidas de sustentabilidade também deverão preservar o meio ambiente do trabalho, devendo compreender a valorização, satisfação e inclusão do capital humano das instituições, em ações que estimulem o seu desenvolvimento pessoal e profissional, assim como a melhoria das condições das instalações físicas.

O **Plano de Logística Sustentável da Justiça Eleitoral – PLS-JE** é definido como o **instrumento vinculado** ao planejamento estratégico da Justiça Eleitoral com objetivos e responsabilidades definidas, ações, metas, prazos de execução, mecanismos de monitoramento e avaliação de resultados, que permite estabelecer e acompanhar práticas de sustentabilidade, racionalização e qualidade que objetivem uma melhor eficiência do gasto público e da gestão dos processos de trabalho, considerando a visão sistêmica da Justiça Eleitoral[18].

---

18. Os Tribunais Eleitorais deverão constituir comissão gestora do PLS-JE composta por no mínimo 5 (cinco) servidores, que serão designados pela alta administração no prazo de 30 (trinta) dias a partir da constituição das unidades ou núcleos socioambientais.

> **IMPORTANTE**
>
> O **Plano de Logística Sustentável da Justiça Eleitoral – PLS-JE** deverá conter, no mínimo, um relatório consolidado do inventário de bens e materiais do Tribunal Eleitoral, com a identificação dos itens nos quais foram inseridos critérios de sustentabilidade por ocasião de sua aquisição; as práticas de sustentabilidade, racionalização e consumo consciente de materiais e serviços; as responsabilidades, metodologia de implementação, avaliação do plano e monitoramento dos dados e as ações de divulgação, sensibilização e capacitação, tendo os seguintes **tópicos obrigatórios**:
>
> I – objetivo do plano de ação;
> II – metas quantificadas a serem alcançadas para cada indicador;
> III – detalhamento de implementação das ações;
> IV – unidades e áreas envolvidas na implementação de cada ação e respectivos responsáveis;
> V – cronograma de implementação das ações;
> VI – previsão de recursos financeiros, humanos, instrumentais, entre outros, necessários para a implementação das ações, no que couber.

> **IMPORTANTE**
>
> A Justiça Eleitoral deverá primar por **contratações sustentáveis**, sendo **compulsória** a adoção de critérios de sustentabilidade nos editais para a aquisição de bens e contratação de serviços, inclusive no projeto e execução de obras e serviços de engenharia, devendo constar regras como a rastreabilidade e origem dos insumos de madeira como itens de papelaria e mobiliário, a partir de fontes de manejo sustentável; eficiência energética e nível de emissão de poluentes de máquinas e aparelhos consumidores de energia, veículos e prédios públicos observados os normativos legais existentes; eficácia e segurança dos produtos usados na limpeza e conservação de ambientes e gêneros alimentícios.

Ademais, deverá observar o emprego da logística reversa na destinação final de suprimentos de impressão, pilhas e baterias, pneus, lâmpadas, óleos lubrificantes, seus resíduos e embalagens, bem como produtos eletroeletrônicos e seus componentes, de acordo com a Política Nacional de Resíduos Sólidos, observadas as particularidades regionais.

De acordo com o artigo 19 da Resolução TSE 23.474, de 19 de abril de 2016, as iniciativas de capacitação afetas ao tema sustentabilidade deverão ser incluídas no plano de treinamento de cada Tribunal Eleitoral, desde o ingresso do servidor no órgão, podendo o TER exigir em conteúdo programático dos concursos públicos o tema responsabilidade socioambiental, em conformidade com seu Plano Estratégico, respeitados os valores estratégicos de cada órgão.

Para a elaboração do Plano de Logística Sustentável da Justiça Eleitoral, poderão ser utilizados como lastro os seguintes programas de sustentabilidade já adotados com êxito pela Administração Pública:

I – Programa de Eficiência do Gasto Público – PEG, desenvolvido no âmbito da Secretaria de Orçamento Federal do Ministério do Planejamento, Orçamento e Gestão – SOF/MP;

II – Programa Nacional de Conservação de Energia Elétrica – Procel, coordenado pela Secretaria de Planejamento e Desenvolvimento Energético do Ministério de Minas e Energia – SPE/MME;

III – Agenda Ambiental na Administração Pública – A3P, coordenada pela Secretaria de Articulação Institucional e Cidadania Ambiental do Ministério do Meio Ambiente – SAIC/MMA;

IV – Coleta Seletiva Solidária, desenvolvida no âmbito da Secretaria-Executiva do Ministério do Desenvolvimento Social e Combate à Fome – SE/MDS;

V – Projeto Esplanada Sustentável – PES, coordenado pelo Ministério do Planejamento, Orçamento e Gestão, por meio da SOF/MP, em articulação com o Ministério do Meio Ambiente, Ministério de Minas e Energia e Ministério do Desenvolvimento Social;

VI – Contratações Públicas Sustentáveis – CPS, coordenada pelo órgão central do Sistema de Serviços Gerais – SISG, na forma da Instrução Normativa 1, de 19 de janeiro de 2010, da Secretaria da Logística e Tecnologia da Informação – SLTI/MP.

De arremate, ao final de cada ano deverá ser elaborado por Tribunal Eleitoral relatório de desempenho do PLS-JE, contendo a consolidação dos resultados alcançados; a evolução do desempenho dos indicadores estratégicos da Justiça Eleitoral com foco socioambiental e econômico e a identificação das ações a serem desenvolvidas ou modificadas para o ano subsequente.

2.11. RESOLUÇÃO TCU 268, DE 4 DE MARÇO DE 2015 (DISPÕE SOBRE A POLÍTICA INSTITUCIONAL DE SUSTENTABILIDADE DO TCU)

Coube a Resolução 268/2015 dispor sobre a Política Institucional de Sustentabilidade do Tribunal de Contas da União – PSUS/TCU, que tem por **objetivo** nortear as ações institucionais quanto à promoção do desenvolvimento sustentável, abarcando aspectos físicos, tecnológicos e humanos da organização e orienta-se pelas seguintes **diretrizes**:

I – processo institucional de tomada de decisão alinhado ao conceito de sustentabilidade e à adoção de práticas de gestão socioambiental;

II – promoção e adoção de práticas de consumo sustentável, considerando o ciclo de vida dos produtos adquiridos pela instituição;

III – aderência aos padrões internacionais e nacionais de sustentabilidade, bem como ao sistema de gestão socioambiental;

IV – aplicação de critérios socioambientais em toda a cadeia de valor da organização, para controlar e mitigar eventuais impactos socioambientais negativos advindos das atividades institucionais, bem como para promover as devidas compensações;

V – preferência pela utilização de tecnologias não nocivas ao meio ambiente, com uso e aplicação de materiais e equipamentos recicláveis ou reutilizáveis;

VI – estímulo ao desenvolvimento contínuo de tecnologias eficientes em termos socioambientais, com vistas à otimização dos recursos naturais;

VII – participação institucional em iniciativas de outras entidades ou esferas de governo que contribuam para a preservação do meio ambiente; e

VIII – escolha, sempre que possível, pela execução da ação institucional mais aderente aos requisitos de sustentabilidade.

A Política Institucional de Sustentabilidade do Tribunal de Contas da União é bipartida em **duas dimensões**: LOGÍSTICA SUSTENTÁVEL e GESTÃO DE PESSOAS.

As iniciativas institucionais na **dimensão logística sustentável** serão conduzidas no âmbito do Programa de Logística Sustentável – PLS-TCU.

Nesse sentido, foi criado o **Comitê Gestor de Logística Sustentável – CLS**, órgão colegiado de natureza consultiva e caráter permanente, tem por finalidade propor, formular e conduzir diretrizes inerentes ao PLS/TCU, analisar periodicamente sua efetividade, sugerir normas e mecanismos institucionais para a melhoria contínua do Programa, bem como assessorar, em matérias correlatas, a Comissão de Coordenação Geral – CCG e a Presidência do Tribunal.

Competirá também ao Comitê manifestar-se acerca de proposta de revisão do PLS/TCU apresentado pelo dirigente da Adgedam, no máximo a cada cinco anos, de modo a atualizar o programa frente a novos requisitos institucionais.

O Programa de Logística Sustentável do Tribunal de Contas da União – PLS/TCU objetiva estabelecer diretrizes e iniciativas para promoção da prática de sustentabilidade na gestão logística institucional, devendo ser aprovado e revisto mediante portaria do Presidente, ouvida a CCG, tendo como subsídio o diagnóstico da situação socioambiental do Tribunal.

Por sua vez, o diagnóstico socioambiental engloba o levantamento da situação nas dependências do TCU com vistas a obter informações a respeito das obras realizadas, das práticas de desfazimento, do consumo de recursos naturais, dos principais bens adquiridos e serviços contratados, das práticas ambientais inerentes ao descarte de resíduos, bem como da necessidade de treinamento e sensibilização sobre o tema.

O PLS/TCU deverá promover, ao menos, a inclusão de critérios socioambientais nos editais de licitação para aquisição de bens permanentes e de consumo, contratação de serviços e de obras; a adoção de práticas de sustentabilidade e de racionalização do uso de materiais e serviços, baseada em estudos e pesquisas realizados, levando em consideração o ciclo de vida dos produtos, desde o planejamento e uso, até a destinação ambientalmente adequada dos produtos; as ações sistemáticas de sensibilização, conscientização e capacitação de servidores e demais colaboradores do Tribunal; o monitoramento e avaliação das medidas implementadas, inclusive quanto à relação custo/benefício e a observância da variável socioambiental no processo de planejamento institucional.

A sustentabilidade na **dimensão de gestão de pessoas** visa atender as necessidades dos servidores e demais colaboradores do TCU no que se refere à acessibilidade, à qualidade de vida no ambiente de trabalho e ao desenvolvimento pessoal e profissional, de modo a aumentar a produtividade e o bem-estar no trabalho.

Nesse sentido, no âmbito da Política Institucional de Sustentabilidade do Tribunal de Contas da União serão desenvolvidas atividades de sensibilização e capacitação dos servidores e demais colaboradores do Tribunal, com o objetivo de desenvolver e estimular a prática da consciência cidadã, a partir dos princípios da responsabilidade socioambiental.

A política de gestão de pessoas deverá alinha-se à Política Institucional de Sustentabilidade do Tribunal – PSUS/TCU, em especial, para promover a qualidade de vida no ambiente de trabalho, o desenvolvimento pessoal e profissional, bem como a acessibilidade.

EDITORA
jusPODIVM
www.editorajuspodivm.com.br

Impressão e Acabamento

Prol
EDITORA GRÁFICA